情緒管理與精神健康

Ruby:

希望这本书的内容对
你的工作有帮助。

Daniel

24. 10. 2003

情緒管理與精神健康
認知治療小組介入手法與技巧

黃富強 孫玉傑 著

香港大學出版社
HONG KONG UNIVERSITY PRESS

香港大學出版社
香港田灣海旁道七號
興偉中心十四樓

© 香港大學出版社 2003

ISBN 962 209 570 4

版權所有。本書任何部分之文字及圖片，
如未獲香港大學出版社允許，
不得用任何方式抄襲或翻印。

本社提供網上安全訂購保障
http://www.hkupress.org

香港康和印刷有限公司承印

目 錄

序	vii
緒 論	1
情緒困擾與認知治療介入模式	9

小 組 活 動

1 「情」是何物？	21
2 「誰令我情緒困擾？」	37
3 思想大變身（一）	53
4 思想大變身（二）	71
5 「與負面思想說再見！」	85
6 「我都做得到！」	97
7 「生活的再思！」	113
8 「聚散有時」	121
小組研究分析及評估	127
參考文獻	147

序

這部書把理論、實踐及研究三方面結合起來。作者們採用了認知學派的小組介入手法，協助一些長期面對壓力及患有輕性精神病的人學習怎樣更有效地管理自己的情緒。本書首先扼要地勾畫出認知學派的介入理論，並把這個小組的理念架構交代，其中主要包括思維、行為及情緒三方面的關係。作為一本實務手冊，本書的小組活動部份詳細地講解小組每一節的目的、活動內容和具體的步驟及時間編排等。為了讓讀者掌握工作員的小組領導技巧，我們亦詳細地描述工作員及小組組員在不同小組節數中的角色和表現。同時，由於認知學派的介入手法適宜工作員以短講形式向組員灌輸一些新的概念，並鼓勵組員閱讀一些相關資料，因此我們亦把短講的講義以「閱讀資料」附載於各有關章節中，以供讀者參考。工作員在帶領小組時亦可鼓勵組員閱讀這些資料。

為了讓讀者們能更清晰地掌握怎樣運用認知學派的介入技巧，我們在各章節中不但說明每一個技巧的目的及運用方法，並從小組的過程中節錄了有關的片段來闡釋怎樣運用這些技巧。本書最後的「小組研究分析及評估」中描述小組的評估方法、結果及建議。這個安排是基於我們深信社會工作的介入手法應該獲得有系統的驗証。在資源匱乏的現況下，

社會服務界應更積極地提倡實証為本（evidence-based）的服務推行手法。從小組進行前後的評估問卷結果及由小組組員填寫的另一份問卷的文字回應中，我們可以看到組員在情緒、認知及解決問題的能力上都取得正面改變，我們為此感到高興。另一方面，由於組員認為需要更多的時間來學習改變思維的方法及加強解決生活問題的能力，因此我們建議把這類小組一分為二，以便加強組員在思維和解決問題能力上的訓練。小組一分為二後，其中一小組可讓組員有更多的機會及時間去學習怎樣改變不良及負面的思維，而另一小組則集中加強組員們解決生活問題的能力。

本書的完成，首先要感謝曾參與小組的組員，使我們有機會把理論與實務結合起來，並作驗証及整理經驗，最後擬寫成書。在內文的潤飾及修改上，特別要感謝梁淑禎小姐的協助，她實在花了相當多的時間費心地修改內文。在此亦多謝喻慧敏小姐協助初稿的文字編輯工作。

最後，我倆願把這書獻給一位年輕的社會工作者——謝丹碧小姐，她敬業樂業的精神使我倆十分欣賞。不幸，病魔取了她的生命，我們只能在這裡懷念她！

黃富強
孫玉傑
二零零三年於香港

緒 論

據香港政府的康復計劃方案檢討報告書（1998/99–2002/03）估計，本港有一百廿十多萬人患有不同類型的精神病，其中患有各類型神經性障礙症（neuroses）*（例如泛焦慮症、恐懼性障礙及輕性抑鬱症等）的約有七十萬八千人。當中約有1.5%會演變成慢性病，需要長時間的康復服務。從近來精神病患者的特點來分析，發現「神經性障礙患者」比1995年的估計大幅上升，數字竟多出十萬之眾。據專家估計，這數字無疑與本港社會經濟環境改變給人們帶來的心理壓力有關，情況甚至已達「警號的水平」（South China Morning Post, 2000）。自1997年經濟衰退後，很多生意倒閉，工人要凍薪或減薪，甚至遭受被公司裁員的命運。事實上，政府的統計數字顯示本港的社會及經濟環境頗為暗淡。第一，近年香港的平均失業率達致7.3%之高。第二，據數字顯示，失業的原因主要為裁員，其他的還有生意倒閉及破產等（Hong Kong Government, 2003）。加上近年來無論是公營機構或是私人企業都提出「重整業務」、

---

* 雖然精神病診斷手冊IV (DSM IV)已不再使用這名詞，但香港特別行政區仍然沿用。作者按統計數字歸納分類，保留該名稱。

「資源增值」及「精簡人手」等措施，這對於就業人士無疑壓力重重，他們的身心健康亦因而受到影響（明報，2000b）。而2001年的「九一一事件」，更把疲弱的經濟再進一步推入谷底，使整個社會瀰漫着叫人愁眉苦臉的氣氛。有專家指出，受情緒困擾者若能及早接受心理輔導，往往都能避免悲劇出現（明報，2001a；明報，2001b）。

研究指出，生活逆境與精神病——特別是抑鬱症及焦慮性障礙等病，有着密切關係（Sarafino, 1998）。香港目前的社會經濟環境相信會對部份港人的精神健康帶來負面影響。香港醫管局的官方統計數字顯示，使用精神病服務的人較前為多（Hospital Authority, 1999）。再者，香港撒瑪利亞防止自殺會指出1998年本港成年人的自殺數字為868宗，當中超過半數是失業人士，這些失業的自殺人士多數已超過六個月沒有工作，主要是中年人士（Wong, 2000）。另外有一項研究比較了兩組精神健康電話熱線輔導服務的使用者，發現1997–98年度的服務使用者當中，表達自己有抑鬱情緒及就業問題的人數較1995–96年度的比率增加不少。在同一個研究中亦發現，在職的服務使用者，其焦慮情緒明顯較失業人士為高，但失業人士的抑鬱情緒及對就業問題帶來的困擾卻顯著較在職人士為大（Wong, 2000）。有關工作問題給人們帶來的精神困擾看來值得我們多加注意。「預防勝於治療」這道理無人不知，似乎在這個年代，有關方面應該更積極地推動及提供一些精神健康的服務。在踏入廿一世紀的同時，世界衛生組織曾呼籲世人注意：「抑鬱症」將會是人類健康的頭號敵人。

現今年代，會以多因素互動論（interactionism）的角度來分析人類的身心問題，即不會把生理因素、心理因素及環境因素完全分割。當我們研究人類的壓力困擾時，會以「生

理心理社會」(Bio-psychosocial) 的概念架構來瞭解 (Gross, 1996)；亦即是說，個體的思想及情緒與生理變化及環境因素息息相關，並且彼此互相影響 (Alder, 1999)。換言之，壓力困擾與個人的情緒、思考及生理變化有互動的關係，個體長期處於困擾狀態將影響他的身心健康 (Sarafino, 1998)。在心理輔導的層面來說，認知介入法 (Cognitive Intervention) 能廣泛應用於治療各種精神健康問題，例如：恐懼症、精神分裂症及強迫症等 (Sharp, 1997)。有關使用認知介入法治療抑鬱症及焦慮問題的文獻為數不少 (Sharp, 1997)。過去十多年來，在處理個體的情緒困擾問題上，認知介入法被確定為最有效的方法之一 (Otto, 1999)。事實上，多項研究顯示，認知介入法可以有效治療抑鬱症及焦慮症（例如：Payne & Blanchard, 1995; Bright, Neimeyer & Baker, 1999）。另外亦有証據顯示，在治療抑鬱症患者方面，認知介入法較傳統的心理動力方法及行為療法更為優勝 (Wilson, 1989)。香港在臨床應用認知介入法治療有關精神健康問題上，缺乏有系統的文獻介紹或大量的臨床研究記錄；但是香港家庭福利會應用「理性—情緒治療法小組介入模式」(Rational-Emotive Therapy Group Intervention Method) 來協助有焦慮或情緒困擾的人士，改善他們的精神健康已有超過十年的歷史（香港家庭福利會，1997）。對香港來說，這是一個很好的開始，亦是精神健康服務界應該努力為本地建立實務研究數據的發展路向。

在西方，認知的介入手法種類繁多，其中包括先前提及過的 Ellis 的「理性—情緒治療法」、Beck 的「認知治療法」(Cognitive Therapy)、Meichenbaum 的「思想行為更易法」(Cognitive Behaviour Modification) 及 Lazarus 的「多元模式介入法」(Multi-Modal Therapy) 等。Ellis認為人的情緒問題主要源自個人的非理性及非邏輯性思維（irrational and illogical thinking）。這些人一般擁有絕對化的思想模式，把個人的一些慾望和偏愛變為必然的事實，一旦不能滿足這些慾望和偏愛時，這些人便會出現情緒困擾。Meichenbaum則認為有些人擁有負面的自我陳述（negative self-talk），因此，在面對生活問題時，這些負面的自我微言便會打擊當事人的自信心，使他們採取消極的方法來面對問題。至於Lazarus的「多元模式介入法」則提出每個人面對生活問題時，個人的七項反應會影響當事人能否有效地解決問題。Lazarus把這七項反應簡稱為BASIC ID。這七項反應包括：生理反應（physical）、感知反應（sensual）、思維反應（cognitive）、行為反應（behavioral）、情緒反應（emotional）、人際相處（interpersonal）及影像反應（imagery）。Beck的「認知治療法」主要強調有些人擁有一些謬誤的思維方式（distorted thinking），因此，在面對生活問題或與人交往時，這些謬誤的思維方式使他們錯誤地演繹別人的心思意念；同時更使他們作出一些不適當的身體、行為及情緒反應。從這個簡單的介紹中，我們不難看到認知介入模式其實包括了多個介入手法。它們中間的分別主要視乎上述工作員怎樣理解思維問題的所在及思維與個人其他反應的關係。我們這個「認知小組介入手法」主要採用了Beck的「認知治療法」作為本小組輔導的重要理論基礎及技巧應用原則。原因之一是其中一位工作員本身曾接受過Beck Institute的輔導訓練，對這個理論及其輔導技巧有較深入的認識。另外，這個介入手法經過不少的臨床研究，已被証實能有效地協助患有情緒問題及輕性精神病患的人解決他們的情緒困擾及精神問題。

■ 小組簡介

小組目的

這小組是筆者們與精神健康工作者的一項嘗試，我們有系統地使用認知小組介入模式，幫助受心理困擾的人士。小組旨在幫助組員改變他們於面對外在壓力時能作出適當的反應：包括認知、行為、生理及情緒等各方面的反應；同時，亦期望可以藉此協助組員減低心理困擾的程度。筆者們亦希望以此作為實踐研究，故此，為了驗証「認知小組介入模式」的有效程度，筆者們作了臨床研究的設計，進行對小組參與者的組前及組後評估以分析他們的改變。今次小組的主要目標包括：

(1) 測驗組員在小組完結後，精神健康是否有所改善（透過定量的研究）；

(2) 檢視組員在小組完結後，扭曲想法及負面情緒方面是否減少，適應技巧及正面情緒方面是否增多（透過定量的研究）；

(3) 檢視組員在認知、行為及情緒方面的改善是否與小組內容有關（透過定質的研究）。

組員招募及小組內容

有關參加本小組的方法，筆者們主要透過單張、收音機廣告、電視廣告等進行宣傳。小組使用普通健康問卷１２（General Health Questionnaire–12）來釐定申請人有否精神健康不良的危機，若果參與者在問卷測試結果中有六項或以上的精神症狀方可成為合資格的申請人，最後共43名申請人獲面試甄選。其他申請人基於以下的原因不被小組接納參與：

(1) 嚴重抑鬱或焦慮，需要藥物治療而非小組輔導；(2) 申請人於面試後覺得小組對自己沒有幫助。

　　筆者們自1998年7月至1999年8月期間共進行了四個不同的小組，由工作隊成員輪流以兩人一組來帶領。每一個小組有八節，每節兩小時。小組形式為結構性的認知介入模式，主題包括：(1) 認識負面情緒及瞭解自己對外在壓力的生理、認知、行為及情緒反應（一節時間）；(2) 瞭解及辨識自己的非理性想法及謬誤的思考方式（一節時間）；(3) 駁斥非理性想法及謬誤的思想方法（兩節時間）；(4) 學習其他認知及行為技巧，例如「暫停思想」、「提示咭的使用」及「自我讚賞及獎勵」等（兩節時間）；(5) 探索一個較為平衡的生活方式（一節時間）；及 (6) 小組經驗重溫及小組評估（一節時間）。

研究及分析方法

是次小組的研究方法包括了定量及定質的研究。

　　在定量研究方面，參加者在甄別面試及最後一節時都要填寫這份問卷，問卷內容是量度參加者的個人背景及心理狀態等五方面：包括 (1) 心理健康狀態（General Health Questionnaire–12）、(2) 適應技巧（Coping Skills Scale）、(3) 非理性和理性信念（Rational Behaviour Inventory）、(4) 正面及負面情緒（Positive and Negative Emotions Checklist）、(5) 參加者的性別、婚姻狀況及職業等個人資料。問卷中大部份的量表都曾被應用在中國人社會或香港人身上。小組共有32名參加者完成了預測驗和後測驗，每個小組平均有8名參加者。工作員採用了一些統計分析方法，以對樣本 t 檢驗（Paired Sample t test）來審視組員於小組前後

在上述幾方面的心理狀態的改變。同時，我們為了進一步瞭解這個改變的強弱程度，因此亦計算了前後測試結果之ω平方數值。

至於定質的研究，工作員首先擬定了一份開放式的問卷（open-ended questions），並嘗試邀請組員按着六個範圍把他們對小組的觀感寫下來。範圍包括(1)身體變化與情緒之間的關係、(2)思想與情緒間的關係、(3)情緒控制的能力與方法、(4)平衡生活的重要性、(5)自我讚賞及(6)對小組的整體印象及感受。問卷在小組完成後的第四個月寄給32位參加者，最後，我們共收回17份問卷。工作員採納了定質研究方法中的「內容分析法」（content analysis），把組員的文字回應歸類，從中建立不同的主題（themes）。定質研究的結果不但印證了定量研究的結果，它更為定量研究的結果提供了一些較深入的剖析（有關這部份研究的詳細內容，請參閱本書「小組研究分析及評估」，頁127）。

認知治療小組介入模式在華人社會中的成效及應用

筆者們認為認知治療小組在華人社會中的成效及應用方面，可以從以下兩點來看：
(1) 從理論的層面來看，「認知治療法」的成效在國外雖得到正面的肯定，但在華人社會中卻仍待加以驗証。這一次的嘗試，初步證實了「認知治療法」可有效地改善參加者的精神健康。我們把這次經驗結集成書，主要是希望給予同工一些道地的參考資料，鼓勵同工嘗試有系統地把「認知治療法」應用在香港的華人社會中。
(2) 從實踐的層面來看，我們發現這個治療方法在應用於香港華人身上時需要作出一定的修訂。例如，小組組員不

習慣西方式的「自我辯証」方法（self-debating techniques）。他們較喜歡以第三者的身份來評價自己的思維及行為，故此，在運用「自我辯証」方法時，我們需要鼓勵組員以第三者身份來評價自己的思想及行為。另外，中國人偏向貶低自己的成就，為了增加小組組員的「個人能力感」（self-efficacy），工作員設計了一項名為「自我讚賞及自我酬謝」的活動及工作紙，讓組員可以從中學習欣賞自己的成就，增加自己的「個人能力感」。這兩個例子正好說明了我們必須進一步探討「認知治療法」在不同文化背景中該有着怎樣不同的演繹方式。

情緒困擾與認知治療介入模式

■ 小組理念架構

情緒與情緒困擾

情緒是個人的「主觀感受經驗」。有學者Leventhal把情緒的建構分為兩個階段：(1) 知覺動作階段 (perceptual-motor stage)，即個人的情緒經驗及情緒反應；(2) 計劃行動階段 (planning-action stage)，經過上述階段後，個人會因應其情緒及非情緒經驗而計劃或建構其行為反應（見於Michelson及Ascher，1987，頁8-9）。也就是說，個人的擔心、害怕、恐懼、失落等情緒經驗，會影響個人作出某些行為反應。例如，當你看見一頭巨大而兇猛的狗時，你會面露極度害怕的表情（情緒經驗及情緒反應），接着會驚惶失控地大叫及快速逃跑（行為反應）。這種認知情緒模式受很多學者質疑 (Lazarus & Folkman, 1984; Zajonc, 1984)，但無論如何，這模式初步告知我們情緒與個人的行為反應是有關係的。

構成個人感受經驗的因素很多，不同的理論其重點不一：有些會把情緒產生的核心因素看成是因生理變化而引致

個人產生某種感受經驗。亦有理論覺得是個人的認知內容引致其生理產生變化，從而使他感覺某種感受經驗。無論如何，「情緒」看來與個人的認知、生理變化及行為息息相關。所謂「生理變化」是指個人交感神經系統（sympathetic nervous system）的活動，這些活動使各腺體（glands）分泌不同的激素（hormones），個人會因而出現不同的生理反應（Alder, 1999）：例如瞳孔放大、呼吸急促、心跳加快、出汗、肌肉收緊、警覺性高等。所謂「認知」，是指個體對事情所持的看法（interpretation）、歸因（attribution）或評鑑（appraisal）*，所以「認知」的內容能引起個人的生理變化及情緒反應。所謂「行為」，是指個體在其情緒變化所影響下的處事方式或反應表現，但反過來，「行為」亦可影響個人的感受經驗或認知（Ellsworth, 1991）。

雖然不同學派對情緒的產生意見不一，但是情緒與身心健康有關係這點卻是肯定的。長期的情緒困擾對身心健康及認知思維均具負面影響（Finch & Lambert, 2000; Leventhal & Patrick-Miller, 1993; Robinson & Pennebaker, 1991）。Beck 及 Emery（1985）對個體的認知系統、行為系統、生理系統及情緒系統與焦慮情緒的互動曾作詳細的分析。分析中發現上述四種系統互相影響而最終影響個人的精神健康。認知系統包括個人對環境的危險或威脅程度作出評鑑和判斷、評估應付問題的資源及瞭解自己情緒、生理及行為的成份。行為系統包括個人的本能反應（例如閃避突然而來的襲擊）及問

---

* 不同的認知學派有不同的認知歸類，可以參考 Schachter 及 Singer（1962）的認知標籤理論（Cognitive Labelling Theory）；Weiner（1986）的歸因理論（Attribution Theory）及 Lazarus（1982）的認知評鑑理論（Cognitive Appraisal Theory）。

題的應對反應(例如拾起硬物作自我保護)。生理系統包括本能反應(例如交感神經及副交感神經系統的活動)及生理變化(例如肌肉繃緊或面紅耳熱)。情緒系統包括情緒經驗、對威脅情景的關注及因應情景作出的情緒反應等。

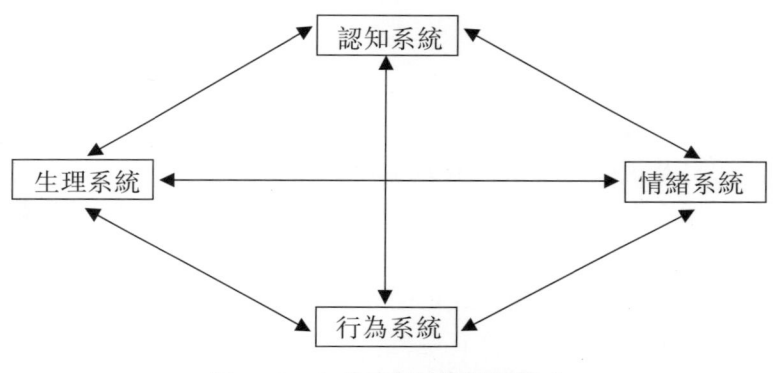

圖一 Beck 的情緒反應認知模式

　　情緒困擾的產生是一項有關個人的認知、生理、行為及情緒的複雜互動歷程。因此,情緒困擾必須從多方面來作處理。修正個體的謬誤思維可協助他建立健康思考,使他可以較正面地處理生活上的威脅。行為技巧的改善有助個體能夠更有效地應付生活上的挑戰。生理上及情緒上的控制,能夠平衡個體的狀態,使個體可更有能量去處理生活上的逆境(Otto, 1999)。

■ 認知治療法的小組介入模式

基本信念

如上文闡述,情緒困擾的產生與個人多方面的系統互動有關。當個人感受情緒壓力時,其生理反應、認知反應、行為

反應及情感反應之間的互動便可能構成適應不良的後果。我們在此使用認知治療介入模式是希望嘗試及驗証這模式對處理個體情緒困擾的有效程度。Free在認知治療介入模式裡，把情緒困擾的產生作了多項的基本假設（Free, 1999）：
(1) 個人的情緒困擾是受着其思維、情緒及行為反應所影響的；
(2) 個人的認知系統對個人的情緒反應具重大的影響力；
(3) 當個人面對壓力時，他往往會按着一些慣常的思維、行為及情緒反應模式來處理情緒問題；
(4) 個人本身不一定覺察到自己的思維、行為及情緒反應模式；
(5) 這些不良的反應模式是從經驗中學回來的，因此，個體亦可透過學習來糾正這些不良的反應模式。

對不良認知反應的理解

這個治療方法認為個體的認知謬誤主要是從三方面產生出來：(1) 不自主的負面思想（negative automatic thoughts）、(2) 不良的規條及假設（dysfunctional rules and assumptions）和 (3) 核心信念（core beliefs）等。

(1) 不自主的負面思想：這是個體在面對壓力時的不自主認知反應。Beck 認為不少受到情緒困擾的人士都會出現一些不自主的負面思想。例如：「個人化」(personalization)、「兩極性思考」(dichotomous thoughts)、「選擇性推斷」(selective abstraction)、「武斷性推論」(arbitrary inference)、「過份泛化」(overgeneralization) 等等（詳盡介紹可見於活動2.3講稿，頁48）。這些不自主的負面思想，使個體在認知的過程中把事件的真確性扭曲

了，因而無法正確地判斷所面對的問題及困擾。在這樣的情況下，個體便會按着這些不良的認知反應來決定自己的行為及情緒反應（Beck, 1979）。Beck（1995）認為這些不自主的負面思想是個體從小時候透過經驗學回來的。故此，某些不自主的思想形態會不斷地在個體的身上重複出現。在個別及小組輔導中，我們必須讓當事人學習怎樣去辨識自己的不自主思想模式。

(2) 不良的規條及假設：這是個體從小透過經驗學回來的一些僵化或不理性的規條及假設。例如：「每個人都必須守時，因為不守時的人是不可信的」及「如果我不努力工作，我便會給別人比下去」。這些不理性或僵化的規條及假設會影響我們在生活中所抱持的態度及行為。倘若這些僵化或不理性的規條及假設在現實生活中無法按着自己的心意來實行時，個體便會產生情緒困擾。Beck（1995）同樣認為某些不良的規條及假設會不斷地在個體的身上重複出現。因此，在輔導過程中，我們必須讓當事人認識自己的一些不良規條及假設。

(3) 核心信念：這是個體對自己作出的一種負面評價。例如，我是一個「沒有用的人」、「不值得別人愛護的人」、「做什麼也不會成功的人」等等。Beck（1995）認為這是個體在不知不覺間從生活體驗中建立出來的負面自我評價，而個體本身未必認識到自己具有這樣的想法。同時，這些核心信念會牢固地植根在個體的思想中，不輕易被打破。因此，我們要讓當事人反覆地從日常生活中檢視自己是否具有某一種的負面評價。其實，個體的不自主負面思想及其不良的規條及假設往往是源於其核心信念。例如，當某人具有一個「我是個不值得別人愛護的人」的核心信念時，在日常生活中他便可能

出現以下的不良規條及假設:「我要盡量討好自己的丈夫,要不然,他便不會愛護我」或「倘若我不盡力做好自己作為丈夫的責任,我的太太便會離我而去」。同時,基於這個核心信念,當事人在遇到某些生活事情時,便會不期然作出某些不自主負面思想。例如,當妻子對自己表現冷淡時,作為丈夫的他便會想到「我的太太根本不喜歡我!」。

我們可以從理論中清楚看到 Beck 把人的不良認知反應(*不自主負面思想及不良的規條及假設*)歸因於個體擁有的核心信念上。按道理,工作員必須協助當事人清楚認識及改變其核心信念。但在實際工作時,工作員卻往往首先接觸到當事人的不自主負面思想,並從這些不自主負面思想中瞭解到當事人的不良規條及假設和背後可能擁有的核心信念。故此,在進行個人或小組輔導時,工作員要設計一些活動或透過某些既定的問題來協助當事人瞭解自己的不自主負面思想。

在小組裡,我們幫助組員探索及認識自己的典型不自主負面思想和非理性想法。我們教導組員辨識這些不自主負面思想和非理性想法,並瞭解這些想法如何使自己的情緒受困擾。工作員透過簡單短講、小組討論及分享、腦力激盪法(brainstorming)、個人分享及分析等活動來協助組員們掌握這套概念。為了使這過程更順利,小組工作員把 Beck (1995) 的「不自主思想記錄表」翻譯成中文及製作了一份幫助組員辨識自己典型不自主思想模式的問卷。組員也透過一些由小組工作員所提出的問題,探討自己的不自主思想。例如:「當你面對那一件使你＿＿＿＿＿(一種情緒)的事情時,你的腦海中在想着什麼?」及「剛才當你談及＿＿＿＿＿

(某件事情時），我看到你出現＿＿＿＿＿＿（情緒轉變或非語言行為反應），不知你的腦海中是否想到什麼呢？」。同時，為了讓組員洞悉自己的核心信念，工作員會作出以下的提問：「這個想法，代表着他們認為你是一個怎樣的人呢？」（例如，想法是：「他們不願跟我一起玩」，代表着：「我是個沒有人喜歡的人」）（詳細的例證及分析可見於頁41–46）。

在小組過程中，組員亦有機會學習怎樣改變自己的謬誤思想。例如，組員可透過「不自主思想記錄表」及「糾正不自主思想及行為記錄表」來探討及修正自己的負面不自主思想。同時，他們亦會學習「認知重整」的技巧，即是對於他們的負面不自主思想、不良規條及假設和核心信念作出修正或反駁。例如，工作員教導組員認識「爭辯提問技巧」（Socratic questioning）（*即透過提問來找出事情的真確性及嚴重性*）、「辨識自己的不自主思想類別」、「認知驗証技巧」（behavioral experimentation）（*即鼓勵組員在現實環境裡，嘗試驗証其想法的真確程度*）、「取代想法技巧」（alternative thinking）（指導組員找出另一較合理的想法來解釋他的經驗或遭遇）及「假設自己是其他人」（*假設自己是另外一個人，在相同處境下嘗試作不同的思維判斷*）等。另外，工作員亦透過小組互動，鼓勵組員互相挑戰對方的想法，並從其他人的經驗中學習。

對不良行為反應的理解

有關「適應不良的行為反應」這領域，筆者們參考 Bandura（1986）的相互決定論概念。Bandura提出了一個瞭解行為、個人及環境之間關係的角度。根據這個概念，三者會產生互動，互相影響。所以，我們相信一個人面對外在壓力時的行

為反應可以影響其個人的感受，而這種感受又能夠影響一個人對自己及周圍環境的觀感。Beck（1995）提出了一個對行為反應概念的分析，他認為一個人處理生活壓力時的行為反應，可以作出「適應性的行為反應」（adaptive behavioral responses）及「不良的行為反應」（maladaptive behavioral responses）兩種。組員利用「不自主思想記錄表」，可以記錄自己怎樣處理所面對的某些事件。小組工作員會幫助組員瞭解這些反應是屬於適應性的行為反應抑或是不良的行為反應，並引導組員認識行為反應帶來的功能或影響。之後，工作員可透過「糾正不自主思想及行為記錄表」協助組員找出建立適應性的行為反應。

小組運用專門的提問技巧，幫助組員瞭解及辨識「不良的行為反應」及「適應性的行為反應」。量表編制（scaling）是一個甚為有效的技巧，它能夠幫助組員明白自己行為反應的有效程度（詳細的例證及分析可見於頁 63–65）。對於未能想到適應性行為反應的組員，我們通常會問他們三條問題。第一：「你上一次覺得自己可以成功處理這情況是在甚麼時候？」（*尋求例外及正面的處境*）而「你當時做了些甚麼令情況有所改變呢？」；第二：「若你有機會再來一次，你會有甚麼不同的做法或反應呢？」及第三：「若你是 _____ （*另一個人*），你會怎樣做呢？」。

小組工作員還介紹了兩種行為變更的步驟，該兩個步驟是「日常生活活動事務記錄表」（activity charting）及「自我獎勵」（self-reward exercise）。受情緒困擾的人似乎都不能欣賞自己的成就，許多時就如 Beck（1995）所說的一樣，會有貶低自己的負面不自主思想。他們其實已經形成了將「成功外在化」及將「失敗內在化」的傾向。因此，小組的一個重要輔導目的，是幫助組員找出一個途徑，讓他們可以看到

自己的優點,並開始獎勵自己的小成就。小組工作員將Beck (1995) 的「日常生活活動事務記錄表」介紹給組員作為家課,然後在下次小組中討論。透過這份家課,組員可以瞭解自己自我欣賞或自我貶低的程度。同時,小組組員更可以明白到自己喜歡和不喜歡做的一些事情。按着這些資料,工作員在討論過程中會鼓勵及幫助組員訂立一些短期的目標,以及當目標達成後的自我獎勵方法。這個「自我獎勵」活動有助組員建立成功的經驗,增強他們的自信心(詳細的例証及分析可見於頁 102–105)。

對不良生理反應的理解

適應不良的生理反應是指個體面對壓力事件時的自然生理反應,有心悸、肌肉繃緊、心跳加速、面紅耳熱、冒汗、呼吸急促、手震、胃漲痛等。這些反應被認為是在面對危機或受到傷害時,保持個人警覺的救命機制。但長時間在這種緊張的生理狀態下,身體會有不良後果,例如身心症(Selye, 1976)。而且,這種緊張的生理狀態亦會影響及阻礙個人思考,使解決問題的能力變得差勁。不過,愈來愈多人明白,在焦慮狀態下的人,其實是可以清楚地意識到自己的生理反應,甚至可以感覺到一些很具體的生理變化,例如感覺手腳冰冷或渾身軟弱無力(Rice, 1999; Schafer, 1999)。在我們的小組裡,工作員不單止教導組員各種鬆弛技巧,還幫助他們辨識自己對外來事件的典型生理反應,以及認識適應不良的生理反應對人體機能會產生的負面影響。我們假設,一個人愈早認清自己適應不良的生理反應,就能愈早知道自己需要作出適當的處理,同時亦會愈早願意尋求良方來好好應付事情。這樣一來,個人認知及行為反應的負面影響亦會較

少。因此，小組在開始時先闡述了「生理警告訊號」這個課題。

「鬆弛練習」能夠幫助減低與壓力有關的症狀，例如焦慮及睡眠障礙等（Rice, 1999; Sarafino, 1998）。鬆弛練習一般有兩種：一種是幫助處理面對壓力時的即時生理反應，讓當事人能夠冷靜下來，例子之一是呼吸技巧。另一種鬆弛練習是透過肌肉及意象的鬆弛訓練，讓當事人能夠慣常地保持鬆弛狀態。組員會在八節的小組中進行不少於兩次的鬆弛練習，每次約做二十分鐘肌肉及意象鬆弛練習。之後，組員之間會分享自己處於緊張狀態下及鬆弛狀態下的分別。小組亦鼓勵組員跟隨一盒錄有詳盡的肌肉及意象鬆弛訓練的錄音帶來進行練習。

認知治療法對不良情緒反應的理解

處理「適應不良的情緒反應」是認知治療介入法的一個重要環節。情緒困擾是外在事件、個人的認知、行為、情緒及生理反應所產生的互動結果（Beck, 1995），而情緒本身同時亦是治療的介入重點之一（Beck, 1995; Ellis, 1993）。焦慮、擔心、害怕、失落及抑鬱等情緒困擾源於對外在壓力的反應，它可能是謬誤思想、適應不良的行為及生理反應等等之間互動的結果。作為治療手段，小組工作員要幫助當事人認清及改變對壓力事件的慣性不恰當情緒反應。再者，工作員亦要運用當事人的情緒反應，幫助他們去找出情緒反應背後的謬誤思想（Corey, 1996）。這個小組重點在於幫助組員學習認清自己負面情緒背後的謬誤思想，並在壓力事件中建立較為恰當的情緒表達方式。除了應用「不自主思想記錄表」之外，小組工作員亦常用量表編製問題（scaling question），

讓組員瞭解自己情緒的高低。例如：在某一節小組活動開始的時候，小組工作員會問：「由1至10，1為負面，10為正面。請形容你們上星期整體的情緒狀態。」組員說出了數字後，工作員就會協助組員找出一些導致正面情緒或負面情緒的背後想法或行為經驗。

總括來說，筆者們闡述的認知治療小組模式有以下特點：

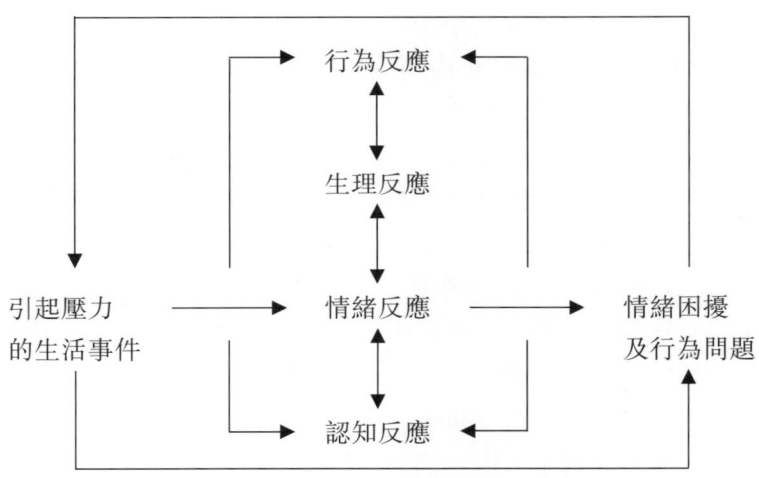

圖二　認知治療介入模式的互動動力

認知治療法對不良認知反應、行為反應、生理反應及情緒反應的理解已在上文詳細闡述，上面圖二所展示的動力，正好表達出各變項息息相關的關係。故此，上述各變項都被工作員納入小組裡作為重點介入的範圍。

小組互動與認知治療法

雖然這是結構性的小組,但小組工作員亦刻意利用小組過程去加強組員之間的學習及支援。按Corey及Corey(1996)和Yalom(1995)的著作內容,在小組裡,我們使用對質、關懷、接納、自由體驗、自由理解及小組動力等方法,幫助組員作出改變。

「對質」一方面幫助組員檢視自己的不自主思想模式,同時亦有機會察覺自己的思想和行為方面出現不協調或不一致的狀態,認識目前其中一項的困境根源所在;另一方面,小組孕育出來的關懷和接納氣氛,幫助營造組員之間的友情、信任及凝聚力。事實上,小組工作員本身所起的示範作用及組員本身樂意分享自己經驗的態度,亦能幫助建立互相接納和互相信任的關係。作為一個認知治療小組,我們會透過既定的活動,幫助組員在小組內外嘗試新的思考技巧及行為表現。此外,小組亦應用了如前述的「自我獎勵方法」鼓勵組員作自我獎勵。最後,工作員會向組員介紹認知架構,幫助他們明白目前的情緒困擾及/或以不同的角度去瞭解他們的困擾來源。正如Yalom(1995)所指出,要有治療上的改變,必須讓當事人以一個新的角度去理解自己的問題。有不少學者曾研究認知治療小組對情緒困擾的效用,其價值亦經証實(Free, 1999, Heimberg, et al., 1990; Salzman et al., 1993)。筆者們正嘗試在本地以實務研究的方法來驗証其效用。

小組活動 第 *1* 節
「情」是何物？

目標
- 互相認識
- 澄清及確立小組目標
- 認識生理與負面情緒的關係

■ 工作員角色

由於小組現處於初期階段，組員對小組的內容及進行方式都不甚瞭解，為讓組員適應小組的活動，工作員需要扮演「主導者」的角色。在這一節，工作員較多應用「結構化」的帶組技巧，透過已設計好的活動讓組員自然地融入小組的活動裡，促進組員之間的互動性。同時，工作員會加強小組的凝聚力及協助組員瞭解小組規範，使小組建立良好的互動模式。另外，工作員必須培育小組建立溫暖、自由而具支持的氣氛，好讓組員增加彼此的信任程度，坦誠開放自己和別人溝通。

在這一節裡，建議工作員多考慮扮演下列的角色：「參與鼓勵者」（encourage participation），透過正面的回饋，使

組員們感覺他們在參與小組時的重要性及價值感;「守護者」（gatekeeper）確立小組的方向及討論重心;「啟動者」（initiator）引發組員間的互動及帶出小組不同的活動主題;「促進者」（communication/activity facilitator），透過活動或邀請，使組員參與活動或表達己見。

■ 程序安排

活動	主題	時間
1.1	互相認識 • 遊戲活動：「願望樹」製作	30 分鐘
1.2	情緒反應警告訊號－身心反應的認識 • 分享討論	30 分鐘
1.3	瞭解何謂情緒反應 • 短講	5 分鐘
1.4	辨識生理變化與負面情緒的關係 • 分享討論	40 分鐘
1.5	總結 • 回顧是次小組內容 • 家課安排	15 分鐘

■ 活動指引

活動 1.1 互相認識（30 分鐘）

目的
- 透過活動的參與來增進組員彼此認識
- 協助組員確立小組規範及期望

內容
1. 在活動開始之前，工作員需要事先預備大量報紙並擺放在地上備用。
2. 至於分組方面，基本上每組以四至六人為一組，工作員視乎組員的人數而決定將組員分成兩組或三組。
3. 分組後，工作員向組員講解遊戲的玩法及細則，步驟如下：
   (i) 首先，邀請組員利用所提供的報紙及膠紙，疊砌成一顆樹，名為「願望樹」；
   (ii) 各組員需合力將樹盡量砌高，在十分鐘的時間內能將樹疊砌得最高的勝出。
4. 「願望樹」製作完成後，工作員邀請組員分享剛才在遊戲活動過程中，他們扮演着什麼角色、分工合作的情況、彼此的溝通模式、商討的情況及最後總結促進完成這項活動的因素等。
5. 透過這個分享過程，引出小組規範這概念（建議用較「軟性」的字眼來描述規範，例如「有建設性的小組行為」），讓組員認同小組規範對他們的重要性，例如「彼此合作」、「雙向溝通」、「互相接納及支持」、「盡情參與」等。
6. 隨後，工作員進一步邀請組員分享他們希望在小組中得着甚麼，藉此讓小組成員更清楚自己及其他組員對小組的期望，最後協助彼此確立「小組期望」的共識。
7. 組員將剛才所分享的心願或期望，簡單而具體的寫在心形紙咭上，並親自將紙咭掛在「願望樹」上。

所需物資
1. 大量報紙
2. 心形紙咭

3. 膠紙
4. 筆

活動 1.2 情緒反應警告訊號——身心反應的認識（30分鐘）

目的
- 瞭解及辨識個人在壓力狀態下的身體反應改變

內容
1. 首先，工作員邀請組員閉上他們的眼睛，選擇一個最舒服的坐姿，嘗試回想過去一星期內曾否發生一件較為特殊的事情（若果沒有，盡量回想最近一件較特殊的事情），並強調「特殊事件」的意思由他們自己隨意下定義。
2. 當所有組員都能鎖定自己的「一件事情」後，再請大家回想當時他們所產生的「生理」、「情緒」、「行為」及「思想」上有什麼反應。在這裡，工作員可能需要提供協助澄清上述四項反應的定義，建議可以透過講解及陳述自己的經驗來協助組員明白上面的要點。
3. 工作員給各組員派發一張「情緒行為身心反應表」（參考活動 1.2 工作紙，頁 31），讓組員按着某一項事件把當中的生理、情緒、行為及思想反應的經驗填寫下來。
4. 當組員填妥工作紙後，工作員可引導組員彼此分享他們的經驗及情緒反應。
5. 透過分享討論，協助組員瞭解那一項「引發事件」，會引致他們個人的「生理」、「情緒」、「行為」及「思想」上有什麼反應。

所需物資
1. 「情緒行為身心反應表」（活動 1.2 工作紙，頁 31）
2. 筆

活動 1.3 ｜ 瞭解何謂情緒反應（5 分鐘）

目的
- 幫助組員認識何謂情緒反應

內容
1. 工作員負責短講，重點解釋引致個人負面的情緒反應的不同因素。
2. 工作員按「情緒的誕生」（活動 1.3 講稿，頁 32）內容，向組員作簡單描述和解說。
   講稿內容大致基於五個元素：
   (i) 什麼事件會引致一個人有生理反應；
   (ii) 而這個生理反應會使個人產生一些想法；
   (iii) 這些想法會令他們產生一些行為反應；
   (iv) 而這些行為反應會引發他們產生某些情緒反應；
   (v) 及後個人對事件如何回應及處理。
3. 講解過程中，工作員可引導組員作一些簡單的討論及回饋。

所需物資
「情緒的誕生」（活動 1.3 講稿，頁 32）

活動 1.4 ｜ 辨識生理變化與負面情緒的關係（40 分鐘）

目的
- 幫助組員辨識一些生理變化可怎樣加劇負面情緒的出現

內容
1. 工作員簡單介紹「生理反應檢查表」（活動 1.4 工作紙，頁 34）。
2. 派發「生理反應檢查表」及邀請組員完成，若果組員在填寫時需要幫忙，工作員可以提供協助。
3. 填寫完畢後，工作員帶領組員作一個簡單的討論及互相給予回饋。

所需物資
1. 「生理反應檢查表」（活動 1.4 工作紙，頁 34）
2. 筆

活動 1.5　總結（15 分鐘）

目的
- 讓組員對是次內容有清晰扼要的掌握及瞭解
- 家課安排

內容
1. 工作員協助組員簡單回顧是次小組內容重點，以加深組員的認識。
2. 工作員簡介及安排家課，解釋如何填寫活動 1.5 家課紙，並邀請組員盡量將家課完成，以便下次小組進行討論。
3. 家課練習安排：工作員派發家課紙給予組員，邀請他們記錄未來一星期每日發生的一些會導致他們產生負面情緒的事情。

所需物資
活動 1.5 家課紙（頁 35）

■ 是節技巧的解說與例証

組內研習及家課練習

組內研習是一種認知學習（cognitive-learning）的歷程，那是一種知識吸收的活動。簡言之，組員必須明白某些概念，才能夠運用認知學派的技巧來協助自己作有效的情緒管理。故此，若果組員要能夠辨識不同的情緒、覺察自身的情緒狀態、分析影響情緒的產生原因及作有效的情緒控制及表達，組員們必須先對上述的概念有所瞭解和認識。工作員會在小組裡主持一「短講」，用數分鐘時間來介紹某些概念，讓組員先認識該等概念。例如，工作員講解「思想」、「行為」、「生理」及「情緒」的關係，好讓組員明白情緒變化的因由及情緒控制的原則。接着工作員便引導組員找出他們情緒變化時的生理反應。從上述的例子可以看出「概念」是建構「內在言語（思考）」的基本元素，沒有了思考，根本就無從對某事件作出分析、判斷或理解等。故此，認知學習在本小組中是不可或缺的。

另外，工作員亦會派發講義並鼓勵組員們自行閱讀，其目的及功能與短講相同。但是，無論短講或講義，其內容必須精簡，切勿長篇大論，不然，將增加組員的學習難度。據工作員的經驗所得，用柔和顏色紙作影印紙張，附以簡單的文字介紹，再加上一些簡圖，已能吸引組員們閱讀。當然，讓組員明白瞭解那些概念對他們有什麼好處也是非常重要的，這可以提昇他們研習的動機。對於組內研究的知識或技巧，工作員會以「家課」的形式來鼓勵組員在平日多作練習。

「家課練習」是認知學派中的一個非常核心部份，工作員透過已設計好的工作紙來指導組員如何去完成。「家課練

習」可以讓組員們深化在小組中所學習到的，而且亦可以有系統的收集日常生活的數據（*例如有哪些生活情景引致個人產生負面情緒*）、在生活事件裡分析自己的思維模式，以及實踐或嘗試新的思維或行為技巧等。工作員發現，有些時候，當組員在匯報的過程中受到其他組員的讚賞或認同，一種衍生效果（secondary effect）會隨之而產生，這使該組員得到一些成就感，並有效提昇他的自信心。

在「家課練習」的安排上，工作員需要注意組員們在實踐上的阻力，例如欠缺完成的推動力或惰性等。故此，在家課安排上，工作員的指導必須清晰，設計一張簡單清楚的工作紙亦有助組員完成家課。另外，在邀請組員完成家課時，需先協助個別組員為自己訂立在「**何時**」、「**何地**」、「**何種情景**」或「**遇上誰**」等情況下才是實踐或完成家課練習的好時機。協助組員能夠作具體的計劃，那麼完成家課練習的機會亦會增加。對於未能完成家課練習的組員，切勿予以責備，工作員應該嘗試瞭解他們在實踐上的困難，以小組討論的方式找出可行的解決方法。

例子1：生活上的應用
組員（阿強、阿賓）
工作員

工作員： 現在派發今個星期的練習紙……
阿強： 是不是要我們做家課練習呢？
工作員： 嘻！嘻！阿強似乎已充份掌握我們小組的流程。對的！這練習紙是幫助我們把小組裡所瞭解到的方法，在日常生活裡作有系統的應用及嘗試。有沒有組員在家課練習中，找到一些幫助或正面的效果呢？（*工作員希望透過組員的正面分享，可以供給*

情緒管理與精神健康

其他組員作為正面參考，亦成為他們完成家課練習的推動力）

阿賓： 我最喜歡做意象鬆弛練習，我現在吃完午飯後一定會做上十分鐘以上。我覺得可以紓緩上午工作的「怨」氣，又像「能量補充」般，下午工作時像特別有勁似的！而且我更會在坐公共汽車時做，效果亦很好。

工作員： 在使用鬆弛練習上，阿賓似乎頗有滿足感及心得……

阿強： 我覺得最重要的是把在小組裡所學到的技巧在日常生活中使用出來，看是否有效。在小組裡我們可以交換心得，又可以討論運用技巧的方法，這都對我甚有幫助……（大部分組員表示認同）

工作員： 我很高興大家嘗試把小組裡所學到的技巧應用在自己的生活上，我們希望那些技巧或方法對於建立好的情緒有幫助（強調家課練習的目的）。有沒有組員可以與我們分享自己是如何編排家課練習的？（引出實踐或完成家課練習的方法，供其他組員參考）

例子2：做「家課練習」的困難

組員（茄子、玲玲、阿馨）
工作員

茄子： 我真的很想做，但……平日實在太忙了，回到家裡已經身心疲憊，實在提不起精神去完成家課練習。

玲玲： 我也知道這祇是藉口，要做的話又怎會不能完成。但是，祇要把它放下，就好像忘記了它似的！

工作員：	我很高興茄子及玲玲把做家課練習的困難說出來，（*切勿責備組員沒有做家課練習*）好讓我們一起想想有沒有好的方法可以協助我們完成家課練習。（*切記推動組員做家課練習的好方法就是破解它的阻力！重點宜放在完成家課練習的好方法，而不是探研不能完成的原因*）
玲玲：	阿馨每次都能夠完成，不如請她與我們分享她的方法！
阿馨：	因為我覺得自己的壓力實在很大，所以在小組裡所學到的，我都想能夠在生活上用得着。
工作員：	可以看到阿馨很想紓緩自己的壓力。對了！阿馨妳是如何安排家課練習的呢？（*希望能供給其他組員參考*）
阿馨：	我祇管去完成，沒有什麼特別的方法。
工作員：	那麼通常妳會在什麼時候去做家課練習呢？（*提問可以讓組員明白如何訂立在「何時」、「何地」、「何種情景」或「遇上誰」等情況下，才是完成家課練習的好時機*）
阿馨：	我會把練習紙放在身邊，有空時或有需要時我可以馬上去做。另外，你不是教我們每天盡量找點時間出來想想今天三件值得欣賞自己的事情及三件需要改善自己的事情嗎？我通常會在洗澡後作回想及反省，同時亦利用那段時間來完成家課練習。
工作員：	原來阿馨會利用那些時間來做練習，其他組員認為何時是做練習的好時間呢？（*工作員開始引導組員們為自己選擇做家課練習的好時間*）

情緒管理與精神健康　31

活動 1.2 工作紙

情緒行為身心反應表

引發事件：

_____

_____

_____

_____

生理反應	情緒反應
思想	行為

> 活動 1.3 講稿

情緒的誕生

工作員按講義內容,向組員作簡單描述和解說。講稿內容大致基於五個元素:
(1) 有何事件會引致一個人有生理反應;
(2) 而這個生理反應會導致一些想法產生;
(3) 這些想法會令他們產生一些行為反應;
(4) 而這些行為反應會引發他們某些情緒反應;
(5) 對事件如何回應及處理。

構成個人感受經驗的因素很多,不同理論的重點不一:有些理論會把情緒產生的核心因素看成是因為生理變化而引致個人產生某種感受經驗;亦有理論覺得是個人的認知內容引致其生理產生變化,從而使他感覺某種感受經驗。無論如何,「情緒」看來與個人的認知、生理變化及行為息息相關。所謂「生理變化」,是指個人交感神經系(sympathetic nervous system)的活動,這些活動使各腺體(glands)分泌不同的激素(hormones),個人會因而出現不同的生理反應(Alder, 1999):例如瞳孔放大、呼吸急促、心跳加快、出汗、肌肉收緊、警覺性提高等。所謂「認知」是指個體對事情所持的看法(interpretation)、歸因(attribution)或評鑑(appraisal),所以「認知」的內容能引起個人的生理變化及情緒反應。所謂「行為」,是指個體的處事方式或反應表現,會受其情緒變化所影響;但反過來,「行為」亦可影響個人的感受經驗或認知(Beck, 1995; Cormier & Cormier, 1998; Hawton, Salkovskis, Kirk & Clark, 1994)。

雖然不同學派對情緒的產生意見不一,但是情緒與身心健康的關係卻是肯定的。長期的情緒困擾對身心健康及認知思維都具負面的影響,例如焦慮症、憂鬱病、身心病等等。原來,上一段提到

的「認知」、「生理」、「行為」及「情緒」四種系統的互為影響，會引發上述的精神健康問題。認知系統包括個人對環境所作出的評鑑、判斷危險或威脅的程度、評估應付問題的資源及瞭解自己情緒、生理及行為的成份。行為系統包括個人的本能反應（例如，閃避突然而來的襲擊）及問題應對的反應（例如，拾起硬物作自我保護）。生理系統包括本能反應（例如，交感神經及副交感神經系統的活動）及生理變化（例如，肌肉繃緊或面紅耳熱）。情緒系統包括情緒經驗、對威脅情景的關注及情緒反應等。

　　情緒困擾的產生是個人在認知、生理、行為及情緒各方面的一項複雜互動歷程。因此，情緒困擾需要從多方面來作處理。修正個體的謬誤思維可助他建立健康思考，使他可以較正面地處理生活上的威脅。行為技巧的改善有助個體能夠更有效地應付生活上的挑戰。生理上及情緒上的控制，能夠平衡個體的狀態，使個體能更有能量去處理生活上的逆境。

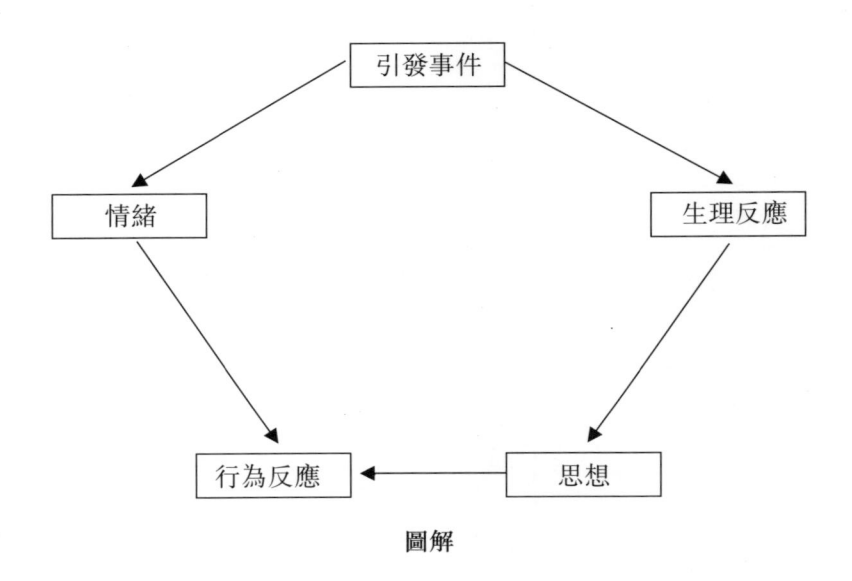

圖解

> 活動 1.4 工作紙

生理反應檢查表

* 請按着自己的實際情況,在適當的方格內劃上 (✓) 號

不同的生理反應	生理反應		影響程度				
	沒有	有	輕微困擾 1	2	3	4	十分困擾 5
心跳急速	☐	☐	☐	☐	☐	☐	☐
呼吸不暢順	☐	☐	☐	☐	☐	☐	☐
肌肉繃緊	☐	☐	☐	☐	☐	☐	☐
煩躁不安	☐	☐	☐	☐	☐	☐	☐
心緒不寧	☐	☐	☐	☐	☐	☐	☐
手心冒汗	☐	☐	☐	☐	☐	☐	☐
頻頻想去廁所	☐	☐	☐	☐	☐	☐	☐
口腔乾澀	☐	☐	☐	☐	☐	☐	☐
背痛	☐	☐	☐	☐	☐	☐	☐
頸梗膊痛	☐	☐	☐	☐	☐	☐	☐
胃部不適	☐	☐	☐	☐	☐	☐	☐
食慾不振	☐	☐	☐	☐	☐	☐	☐
面紅耳熱	☐	☐	☐	☐	☐	☐	☐
其他(請註明):	☐	☐	☐	☐	☐	☐	☐

活動 1.5 家課紙

請記錄每天引致你產生負面情緒反應的一些事情

星期	當時情況	生理反應	情緒反應

小組活動 第 2 節

「誰令我情緒困擾?」

目標
- 幫助組員瞭解何謂「不自主思想」
- 讓組員明白「不自主想法」對情緒及生理上的影響

■ 工作員角色

工作員盡量鼓勵組員參與,在這一節中,工作員會扮演「促進者」及「參與鼓勵者」的角色,讓組員感覺「投入」及「積極參與」對於小組的發展及小組學習經驗非常重要。盡量讓組員表達他們的思想、感情和價值觀,藉着對話和回應的雙向溝通,協助組員學習相互接納和尊重,從而建構小組互相支持及容納的氣氛,使組員更願意開放自己及與他人分享自己的經驗,而且更願意參與小組活動。在小組初期,有些組員不一定懂得包容其他人或給予恰當的回饋,工作員應採取接納和尊重的態度,扮演「示範者」的角色,示範如何給予正面和支持的回饋行為,藉此可讓願意分享的組員得到支持和鼓勵。另外,工作員亦會扮演「資料提供者」及「教育者」

的角色，他會傳授有關情緒與生理變化關係的知識及講解不自主思想的概念。

■ 程序安排

活動	主題	時間
2.1	回顧家課 • 重溫家課 • 分享討論	25 分鐘
2.2	何謂不自主思想 • 情景模擬練習 • 填寫情景模擬表	40 分鐘
2.3	辨識不自主思想 • 短講	5 分鐘
2.4	不自主思想的影響 • 分享討論	35 分鐘
2.5	總結 • 回顧是次小組內容 • 家課安排	15 分鐘

■ 活動指引

活動 2.1 回顧家課（25 分鐘）

目的
- 讓組員明白生理反應與情緒的關係

內容
1. 工作員協助組員重溫家課內容（參考活動 1.5 家課紙，頁 35）。

2. 邀請每位組員分享及匯報自己所完成的家課情況。
3. 透過組員互相分享經驗，讓他們明白生理反應與情緒的關係。
4. 工作員協助組員瞭解有關「生理變化」往往是情緒困擾或壓力的警報訊號。

所需物資
活動 1.5 家課紙（頁 35）

活動 2.2　何謂不自主思想（40 分鐘）

目的
- 透過「情景模擬表」的練習，協助組員認識何謂不自主思想

內容
1. 工作員講解如何填寫「情景模擬表」（活動 2.2 工作紙，頁 47）。
    - 練習中之兩個模擬例子，是按組員每天可能遇到的生活情況而構思。
    - 組員可用 5–10 分鐘思考，讓自己投入模擬的情景中。
2. 邀請組員根據兩個模擬例子，填寫對該事件的反應、自己的想法、感受和對自己的影響。
3. 邀請組員分享及匯報自己對模擬例子的反應、想法及感受等。
4. 嘗試帶領組員分析彼此所得的不同結果之背後原因，工作員並嘗試協助組員找出當中有沒有出現不合情理的想法或反應。討論完畢後，工作員嘗試作歸納和總結。

所需物資
1. 「情景模擬表」（活動 2.2 工作紙，頁 47）
2. 筆

活動 2.3　辨識不自主思想（5 分鐘）

目的
- 協助組員認識「不自主思想」的類別

內容
1. 工作員透過簡短講解，讓組員認識不自主思想的類別。
2. 短講時，工作員盡量作簡單的講解，以生動活潑的語氣語調來演說，並附例子說明。

所需物資
「辨認你的負面不自主思想」（活動 2.3 講稿，頁 48）

活動 2.4　不自主思想的影響（35 分鐘）

目的
- 讓組員認識不自主思想對個人的影響

內容
1. 邀請組員在已完成的「情景模擬表」中，找出在某些情景裏他們是否會產生某類型的不自主思想，繼而作出個人的分享，並互相給予回饋。
2. 帶領組員討論有關他們自己的思想、情緒及生理反應特徵，以及這些特徵可能會為他們自己帶來甚麼影響。
3. 邀請組員嘗試回想他們生活上的某些經驗，然後以小組形式（可以分 2–3 人一小組）即時作謬誤認知類別的分

析及討論，工作員可以穿插參與各小組的討論。完成後，在大組裡作整合的分析及討論。

所需物資
「情景模擬表」（活動 2.2 工作紙，頁 47）

活動 2.5　總結（15 分鐘）

目的
- 幫助組員清晰地掌握此節內容
- 家課安排

內容
1. 工作員與組員扼要地重溫此節內容，也可以嘗試邀請組員作總結。
2. 工作員講解如何填寫「不自主思想記錄表」（活動 2.5 家課紙）
   - 記錄未來一星期困擾自己的事情，寫下自己的生理、情緒反應及所帶來的影響。
   - 提醒組員家課紙其中一欄要留空，待下一次小組時使用，故暫時不需填上任何資料。
3. 鼓勵組員在這星期內盡量完成這份家課紙。

所需物資
「不自主思想記錄表」（活動 2.5 家課紙，頁 51）

■ 是節技巧的解說與例証

教育組員學習認知、行為、生理反應和情緒間之關係

認知治療小組的其中一個重要方向是教育小組組員認識一個

新的思想架構,從而明白到人的行為、思想及生理反應如何影響一個人的情緒。在小組過程中,工作員透過講解及不同的練習向組員灌輸這個思想架構;同時,工作員更會推動小組組員的互動讓組員加深認識自己的思想、行為、生理及情緒反應的模式。從以下片段,我們可以看到小組組員及工作員如何幫助其中一個組員去瞭解他的想法及行為表現如何影響他的情緒反應。

這個組員的生活充滿着焦慮,情況已頗為嚴重。他十分害怕上班,每當想到要上班時,身體便出現因焦慮而產生的生理反應,其中包括心跳加速、滿面通紅及手心出汗等徵狀。同時,他腦海中不斷湧現同一的意象(image)──上司正在責罵他工作表現欠佳。從他的敘述中,我們不難察覺到此組員是個完美主義者,並經常以「非黑則白的想法」(absolutist thoughts)來判斷事情。因此,他認為作為一個員工,是絕對不能出現任何錯誤的。在這樣的壓力下,他開始抗拒上班。雖然這個組員還可繼續上班工作,卻因過份緊張而經常出現錯誤,這樣一來,他就更認定自己無法把工作做好。

在小組過程中,工作員會經常運用以下兩個發問技巧,其中一個提問是:「當你面對那件使你＿＿＿＿(一種情緒)的事件時,你的腦海中在想着什麼或浮現出什麼影像?」這個提問可以幫助組員看清楚是什麼負面不自主思想導致那些不適當的行為和負面情緒出現。工作員可藉着組員在分享「不自主思想記錄表」時發問這個問題。另外,工作員亦需留意組員在一般的分享及討論時所流露出來的微細情緒轉變及非語言行為反應。當工作員察覺到這些轉變時便應問一問當事人:「剛才當你談及＿＿＿＿＿(某事情時),我看到你出現＿＿＿＿(情緒轉變及非語言行為反應),不知你的腦海中是否想着些什麼?」

另有一個發問技巧，我們稱之為「不必要的等於」或「這代表了什麼」。例如，當組員講及一個負面的想法時，工作員會問組員：「究竟這個想法是否『等於』或『代表』說你是一個怎樣的人？」透過這個提問，工作員希望組員能夠探索在這個不自主負面思想的背後，他是怎樣評估自己的。從工作員的經驗中，組員往往會不自覺地道出對自己的一些牢固的負面看法。Beck（1985）把這些看法稱為核心信念（core beliefs）。這些核心信念會直接影響當事人的思想及言行。譬喻，如果一個人懷着「我是個沒用的人」的信念時，他在思想上便會對自己所做過或將會做的事情作出負面的評價，而在言行中亦可能會有退縮、缺乏主見及懦弱等表現。

例子1
案主（偉強）
組員（小芬、麗娜、老黃）
工作員

麗娜： 你曾經跟我們說過有關你的工作情況，我覺得你很偉大。

偉強： 我只是不想做個冗員，這是責任，一點也不偉大。

工作員： 似乎你不太喜歡別人稱讚你？

偉強： 因我知道，如果公司不發工資，看看我會否繼續做這份工作？（*頗為理性及絕對性的回應*）

老黃： 你很自我，好像做什麼事情都有着充份的理由，但這樣一來，你便不願嘗試改變自己，就算嘗試改變，最後還是原地踏步。我覺得你用了「自我」來拒絕改變。

偉強： 我不是用「自我」作後盾，這是我性格的一部份。我凡事都希望做到最好。（*他的核心信念可能是完美主義的想法*）

工作員：	那麼，這個「凡事都希望做到最好」的想法跟你在工作時經常感到緊張有沒有什麼關係？（希望該組員可嘗試聯想一下自己的思維模式怎樣影響自己的情緒）
小芬：	有，每逢他在工作時，他總覺得周圍的人在監視他似的。
工作員：	其實，他很着意自己的表現及別人對自己的看法，還未返抵公司，自己便已緊張起來。
麗娜：	你可否接受自己的緊張？不要怕會在人前丟臉，也不要怕「衰」給別人看。（挑戰該組員去改變自己的完美主義作風）
偉強：	我不會接受這種負面方法，我要積極地面對緊張，我不能逃避。
工作員：	如果你不理會它、逃避它，這「等於」甚麼？（運用了「不必要的等於」的技巧）
麗娜：	「等於」你是個消極的人。
老黃：	「等於」不敢面對。
偉強：	是啊！可能這些「等於」正是我的心魔！

另一片段中的組員經常在言行間作出自貶的言論。譬如，他會說「我是個沒用的人」或「我做什麼也做不來」。但是，他本人卻毫不察覺自己有這些負面思想。當該組員與其他人在日常生活中相處的時候，他會有很多埋怨及對別人作出諸多指摘，而指摘的內容往往反映出他認為別人看不起自己及故意挑剔自己。在這個指摘的過程中，我們會發覺該組員對自己有很多負面的評價。以下的片段講述這個組員在分享「不自主負面思想記錄表」時，工作員及其他組員如何協助該組員去瞭解其負面核心信念怎樣影響自己的情緒。

例子 2
案主（雅文）
組員（阿華、阿生）
工作員

雅文： 這件事發生在中午吃飯時，當時，我跟一位朋友在某餐廳吃午飯。他說：「那個人在盯着我們，你看到嗎？」我便往那邊看，但卻不察覺別人在望着我們。

我便向朋友說我看不到什麼？他即時向我說：「你為何這樣也看不到？」

我立刻感到不開心。雖然我明白朋友不是在說我的長短，但我覺得他的話刺中了我心中的一個結。他像是說我表現遲鈍，連這樣簡單的事情也察覺不到。

工作員： 妳除了感到不開心外，妳是否還有甚麼行為上的反應？（希望讓她瞭解到這事件為她帶來什麼情緒、思維及行為的反應）

雅文： 我坐在那裡不發一言，心中是千百個不好受。其實，我當時只是壓抑着自己的情緒，沒有把它表達出來。

下午，當我和那朋友一起工作時，他突然對我說：「妳不要把身體挨近後面那塊壁報板，要不然，它便會倒下來」。我頓時感到十分不高興。難道我連這麼簡單的事情也不懂嗎？他實在小看我了！我覺得他好像已把我看成是一個什麼事情也做不來的人。我並不是說他不關心我，只是我無法接受他在行動背後對我的一些看法及評價。我亦為此而感到自卑，他好像看到了我的弱點。

工作員： 讓我們先瞭解一下妳的情況。當妳的朋友說：「妳為何這樣也看不到」的時候，妳的腦海中正在想着什麼？（*這是其中一個常用的發問技巧*）

雅文： 我實在一無是處，就是這麼簡單的事情也看不到。我當時的腦海中就想着這句話。我現在做什麼都好像沒以往那麼快，學過的東西一下子便忘掉了。

工作員： 他說妳「這樣也看不到」，等於或代表他說妳是個怎樣的人呢？（*這是另一個常用的發問技巧：「不必要的等於」或「這代表了說你是怎樣的一個人呢？」*）

雅文： 我想他認為我是個蠢才，是一個遲鈍的人。

工作員： 我希望其他組員也來給予一些意見。當雅文的朋友說那句話時，她的朋友是否真的在說他是個蠢才，是一個遲鈍的人？

阿華： 這衹是雅文自己想出來的，她的朋友好像沒有說過這樣的評語。

工作員 那麼，是誰使雅文不高興、不開心呢？（*引導組員瞭解思想與情緒的關係*）

阿生： 那當然是雅文她自己的想法！

雅文： 這一點我是明白的。我本來就是一個學習緩慢的人，我知道自己能力不逮。他這句話只不過是再一次証明我是個能力頗低的人。（*雅文的核心信念*）

工作員： 在這裏，我們似乎可以看到雅文怎樣評價自己。（*向着其他組員說*）那是什麼呢？

阿華： 她像是說自己是個沒用的人。

活動 2.2 工作紙

情景模擬表

事件	生理變化	想法	情緒反應	對當事人的影響
1. 你誠意地買一份禮物給朋友,但朋友卻說:「你是否做錯甚麼,所以送禮物給我作補償?」				
2. 你要趕赴一個重要約會,但你的老闆卻堅持要你完成任務後才可以下班。你會……				
3. 請自己構思				

> 活動 2.3 講稿

辨認你的負面不自主想法

在與人相處的過程中,你有沒有試過腦海裡突然閃過一些想法或印象,這些想法或印象突然湧現出來,就好像沒有經過我們大腦的思考系統似的。而這些想法或印象可能是相關於你接觸的人或事,亦可能是相關於你自己。

事實上,這些突如其來的想法或印象,往往是合情合理的,因為那些想法或印象可能與你過往累積的經驗有關。例如,你的經驗中,曾有一位好朋友遇上發生特別事情時就會坐立不安。今天你見到那位好朋友坐立不安,雖然直至目前為止沒有什麼特別事情發生,但是你的心裡卻自然地覺得「一定會」有不好的事情發生。你的個人情緒因而受到影響,你可能會感到有壓力甚至乎變得焦慮,呼吸加速,口乾,心裡戚戚然……。

正如上文所述,突如其來的想法有時可能是合情合理的,但也可能是錯誤的,那想法有時只是反映事實的部份真象。可是,我們已習慣了即時依據個人的思想方式去判斷某人或某事;久而久之,你會不知不覺地被這些不自主思想(automatic thoughts)所操控(Beck, 1995)。以後凡有類似的情景出現,你的思想便自動地與該等想法或印象掛鈎,因而影響了個人的情緒。當情緒經常傾向於負面時,對事或人的客觀評估自然會被忽略(Ellsworth, 1991)。

下列是一些經常出現的「不自主思想」的「類型」(Beck, 1995):

1. 絕對化思考 (Absolutist thought)
   或稱為「非黑即白」。這種思想認為任何情況都只有一個「絕對」的答案,不可能存在其他可能性。
   「如果不能夠每次考試都取得100分,我就『一定是』一個沒出息的人。」

「今次的加薪比上一次少，老闆『一定』是不喜歡我，認為我辦事不力！」

2. 負面水晶球（Negative fortune-telling）
對於推測未來將會發生的事情都是負面的（例如：消極的、被否定的、注定失敗的、完全沒有利益的），完全沒有考慮事情可能並非如此負面。

「這一刻少芬跟我相好，但熱戀過後，她將會不再喜歡我，並會把我撇下不理！」

3. 情緒主導（Emotional reasoning）
以個人的某些感覺來作判斷或結論，忽略了事情的客觀事實。

「阿明近日工作並不順利，心中悶悶不樂。他在面對另一項工作時，心中想着：『我多努力也沒用，我是注定失敗的。』」

4. 標籤化（Labelling）
將一個固定不變的標籤加諸自己或其他人身上，並按着這個標籤來判斷自己或他人，但卻因此而沒有考慮到所作的結論是否缺乏理據。

「他掛着厚厚的眼鏡，一定是個只管讀書，不懂世務的人。」

5. 誇大問題的嚴重性／貶低成功經驗的價值（Maximization/minimization）
當評估或檢討自己或其他人時，在沒有理由下，誇大事情的消極面或貶低其重要性或價值。

「取不到一個『甲等』評價的工作報告，已足夠証明我的工作能力是那麼的不濟，但是就算取得『甲等』的評價也不代表我有多聰明！因為任何人都可以做得到。」

6. 選擇性推斷（Selective abstraction）
將焦點不當地，甚至過度地集中在所有負面的細節上，並選擇性地除去該事件的其他部份。

「我的工作報告上有一個缺失,(雖然同時也有許多的優點),這明顯表示我的工作能力是非常不濟的。」

7. 災難化思想（Catastrophizing thoughts）個體把問題的嚴重性推到極端災難化的境地。

「阿彌的姐姐告訴阿彌近日的經濟狀況出現一些困難,阿彌便出現以下的想法:『我該怎麼辦,我應否把自己的積蓄拿出來借給姐姐呢?但這樣一來,我便失掉了銀行利息。她會否已向「大耳窿」借了錢?倘若他無法償還債務,我們一家將受到牽連。』」

8. 過份泛化（Overgeneralization）
對人或事作出一個負面而籠統的推論。

「因為在一個社交場合中甚少人主動與你聊天而感到非常不舒服,心想:『我不適合任何社交場合的聚會,我根本不懂得與人交往的基本技巧。』」

9. 個人化（Personalization）
對一些不好的現象或效果的出現,認為完全是因為自己的緣故,沒有考慮其他更合理及更值得相信的原因。

「一定是我冒犯了他,所以那裝修師傅對我這麼無禮!」

活動 2.5 家課紙

不自主思想記錄表

日期	當時情況	生理反應	不自主思想	情緒反應	對自己帶來的影響	第三節小組時使用

小組活動 第3節
思想大變身（一）

> **目標**
>
> 幫助組員學習如何改變不自主的思想

■ 工作員角色

「資料提供者」及「教育者」的角色仍然明顯，這一節中工作員會給組員講解或提供相關的知識。組員開始彼此熟悉，對參與小組的形式也不陌生，故此工作員這時應該促進組員間的關係和增加小組氣氛，使他們在學習過程中得到幫助，從而改變他們對自己的不恰當思想。另外，製造溫暖及接納的小組氣氛尤為重要。提昇小組的互信及凝聚力，讓組員開始嘗試共同承擔小組責任，協助組員間的互動，宜以直接及自主的方式來進行。同時，工作員鼓勵組員積極學習如何去了解及面對各種問題。因此，「促進者」、「調和者」、「壓力紓緩者」、「鼓勵者」及「支持者」等角色是工作員在這一節裡要扮演的。

■ 程序安排

活動	主題	時間
3.1	肌肉鬆弛法 • 指導練習 •「情緒溫度計」測試	20 分鐘
3.2	回顧家課 • 重溫 • 分享討論	20 分鐘
3.3	正負面思想之分辨 • 分組堂上練習 • 小組討論	40 分鐘
3.4	減弱負面不自主思想 • 短講 • 角色扮演	30 分鐘
3.5	總結 • 回顧是次小組內容 • 家課安排	10 分鐘

■ 活動指引

活動 3.1 肌肉鬆弛法（20 分鐘）

目的
- 指導組員學習肌肉鬆弛法
- 幫助組員鬆弛情緒，學習在日常生活中，感受到壓力時可以如何透過肌肉鬆弛法來放鬆自己

內容
1. 讓組員使用「情緒溫度計」（活動 3.1 工作紙，頁 66）來量度組員此時此刻的心情：

- "0"代表極不輕鬆
- "10"代表非常輕鬆
2. 工作員先作出示範，指導組員做肌肉鬆弛。
3. 工作員使用指導語指導組員按程序做肌肉鬆弛練習，步驟如下：
    - 選一張有靠背的椅子坐下。
    - 腳板要完全着地，務求坐得舒服。
    - 然後合上眼睛，讓肌肉逐步鬆弛。
    - 由腳部做起，先「收緊」腳板肌肉，維持三秒，然後放鬆，保持放鬆狀態三秒。重複一次。
    - 收緊小腿肌肉，維持三秒，然後放鬆三秒。重複一次。
    - 如此類推，到大腿、臀部、手部（握拳）、頸部、面部。
    - 將身體保持鬆弛狀態，集中注意自己的呼吸。
    - 吸氣默數：一、三、五、七、九、停，然後呼氣。
    - 呼氣默數：二、四、六、八、十、停，然後吸氣，呼吸練習重複三次。
4. 鼓勵組員感受一下現時鬆弛的經驗，並鼓勵他們平日多加練習。
5. 讓組員再次使用「情緒溫度計」來量度自己此時此刻的心情：
    - "0"代表極不輕鬆
    - "10"代表非常輕鬆
6. 隨後，邀請組員在「情緒溫度計」0至10系數之間為自己評分，接着組員可分享一下他們給自己這個分數的原因。

所需物資
1. 有靠背的椅子
2. 「情緒溫度計」（活動 3.1 工作紙，頁 66）

活動 3.2　回顧家課（20 分鐘）

目的
- 讓組員辨認負面不自主思想
- 協助認識負面不自主思想對個人的影響

內容
1. 與組員回顧家課紙內容。
2. 邀請組員匯報過去一星期內所發生的大概生活情況。
3. 透過分享及討論，讓組員了解甚麼是負面不自主思想，並嘗試作歸類。
4. 協助組員討論這些負面不自主思想如何影響自己的情緒及生理反應。

所需物資
「不自主思想記錄表」（活動 2.5 家課紙，頁 51）

活動 3.3　正負面思想之分辨（40 分鐘）

目的
- 幫助組員進一步分辨何謂正面及負面不自主思想

內容
1. 工作員在不給予任何講解、分析及澄清下，鼓勵組員表達自己所認為的不自主思想是指什麼思想？
2. 「不自主思想記錄表」（活動 2.5 家課紙，頁 51）中有一空欄，目的是留待組員在這一節小組裡使用：

- 邀請組員將之前自己提到的不自主思想分為兩類。
- 在家課紙上的空欄內,寫出哪些想法屬於正面思想,哪些想法屬於負面思想?
3. 引導組員分享及討論那些正面及負面不自主思想,為他們帶來什麼影響。

所需物資
1. 「不自主的思想記錄表」(活動 2.5 家課紙,頁 51)
2. 筆

活動 3.4 減弱負面不自主的思想(30 分鐘)

目的
- 讓組員認識如何減弱負面不自主思想的方法

內容
1. 工作員按講義簡單描述何謂「正向思維法」:
    - 簡單記錄曾經發生的一件事情,並描述當時情況以及你在這件事上所引發的「不自主思想」。
    - 嘗試透過爭辯的過程,將不自主思想轉為「理性思想」。
2. 採用「情景模擬表」(活動 2.2 工作紙,頁 47)練習內的例子作解釋,讓組員了解如何使用「正向思維法」來減弱負面不自主思想。模擬例子如下:
    例一: 你誠意地買一份禮物給朋友,但朋友卻說:「你是否做錯甚麼,所以送禮物給我作補償?」
    例二: 你要趕赴一個重要約會,但你的老闆卻堅持要你完成任務後,才可以下班。你會……
3. 工作員透過角色扮演,親自示範如何運用講稿裡的技

巧，讓組員參考及模仿，進一步了解「正向思維法」的實際運用。
- 邀請一位組員作示範對手
- 該組員舉出帶有負面不自主思想的事件
- 該組員需直接與工作員爭辯

所需物資
1. 「正向思維法」（活動 3.4 講稿，頁 67）
2. 「情景模擬表」（活動 2.2 工作紙，頁 47）

活動 3.5　總結（10 分鐘）

目的
- 幫助組員清晰地掌握此節內容
- 家課安排

內容
1. 工作員與組員扼要地重溫此節內容，或者邀請組員作總結。
2. 工作員講解如何填寫家課紙。
    - 記錄未來一星期困擾自己的一些事件，寫下當時的情況及情緒反應，並要將負面不自主思想和正面思維分類。
3. 鼓勵組員在此星期內完成這份家課紙，並鼓勵組員閱讀補充資料：「為何身心鬆弛是那麼重要的？」（活動 3.5 補充資料）

所需物資
1. 「正向思維法」（活動 3.5 家課紙，頁 68）
2. 「為何身心鬆弛是那麼重要的？」（活動 3.5 補充資料，頁 69）

■ 是節技巧的解說與例証

認知重塑（Cognitive Restructuring）

「認知重塑」是一系列用作改變組員非理性及負面思想的技巧。工作員鼓勵組員提出合理的證據來加以証實或推翻自己的一些非理性及負面的想法。具體的提問包括：「你能否拿出証據來証明你的想法是對的？」和「有沒有什麼證據可以証明你的想法可能是錯的？」。除了邀請組員引用證據來証實或推翻自己的想法外，工作員亦會引導組員去挑戰自己的絕對性思想。當中工作員最常用的提問技巧是：「如果你是＿＿＿＿＿＿＿＿（該組員熟悉的一個朋友），他可能會有什麼不同的想法呢？」。另外，工作員亦可邀請其他組員講出他們對同一事件的不同看法。譬如，「這是＿＿＿＿＿＿＿（組員名字）對此情況的看法，其他人的想法是怎樣的？」還有，對於那些經常會把事情災難化的組員，工作員可向他們作出以下的提問，「情況最壞的時候會是怎樣的呢？」經此提問，有些組員便會明白到自己實在已不自覺地誇大了問題的嚴重性。從小組經驗中，工作員體會到如果這些技巧要運用得宜，組員與組員間及工作員與組員間必須已建立了一定的互信和互相尊重的關係，同時，組員間的互相提問要比工作員的提問較容易被其他組員接受。

以下節錄了一段工作員如何使用認知重塑技巧來幫助一位組員挑戰及改變自己的負面思想。這個組員是一位文職人員，在一個只有兩位文職人員的辦公室工作。最近，她接獲上司的通知說這一年將不會調整她的工資。她收到這個消息後，起初感到十分氣憤，但不久便變得沮喪及無望。她本身是個患了十多年抑鬱病的人，故工作員不希望這事件會再次把她帶進抑鬱的狀態裡。

例子1
案主（阿眉）
組員（阿芬）
工作員

阿眉： 我今天感到十分氣憤，老闆一直説我的表現很不錯，但為什麼他説不會調整我的薪金呢？難道我犯了什麼錯誤而使他作出這個決定？撫心自問，他要我做的工作我全都做好了，而我亦從來沒有聽過他否定我的工作能力。我擔心他這個決定背後是否意味着要把我開除。我要供養孩子們，不能沒有這份工作；況且，我已在這個崗位做了差不多十年的時間，我無法再適應別的新工作。

工作員： 妳像是感到十分憂慮，並認定老闆一定會把妳開除。除了他不調整妳的薪酬一事外，妳還有別的証據可以証明妳的老闆將會把妳開除嗎？ *（邀請該組員拿出更多的証據來証明自己的想法是對的）*

阿眉： 我找不到其他什麼具體的証據來支持自己。但為什麼他不調整我的薪酬呢？

工作員： 如果要你們現在為阿眉去想出另一個不加薪的理由，那理由會是甚麼呢？*（嘗試利用其他組員的不同看法來説明該組員的想法不是唯一的結論）*

阿芬： 今年的市道很差，很多工人的薪金都給凍結起來，或許這便是原因。

工作員： 似乎換了另一個人，譬如説是阿芬，她便不一定會跟妳一樣作出同一個結論。

阿眉： 阿芬的説法也並非沒有其道理。但正因為市道差，我在公司的薪酬最高，故此如果老闆把我開除了，

便可省卻不少金錢,還可以用較低的薪酬去請另一位員工。

工作員: 似乎妳亦不能完全否定阿芬的想法。但我還想瞭解一下,妳是否可以拿出一些証據來証明老闆也頗重視妳的工作表現?(*引導該組員尋找証據來証明自己的想法可能是錯的*)

阿眉: 在這十多年的工作中,他從來沒有說我犯了什麼大的錯誤。同時,他亦曾在同事的面前讚賞我。譬如,上星期有一位客人氣沖沖的走到我們的辦公室,並埋怨我們沒有盡力把她的事情做好。我讓她表達了自己的不滿,並告訴她我們會盡快把事情弄妥。老闆知道了此事後,給了我一些讚賞。

工作員: 似乎,從最近妳與老闆的接觸當中,妳找不到証據來証明他準備把妳開除。

鬆弛練習(Relaxation)

鬆弛練習可以協助組員紓緩緊張、焦慮及不安的情緒,使自己有一個較平靜的感覺。這種技巧對於應付「壓力事件」不一定有直接的關係,但是當組員意識到正受負面情緒影響時,鬆弛練習將會有效地協助組員把心情平靜下來。而且,鬆弛練習亦可以在日常生活中做,可視它為鬆弛身心的一種工具。在這小組裡,工作員介紹了三套鬆弛練習:(1)肌肉鬆弛法、(2)意象鬆弛法及(3)呼吸鬆弛法。

肌肉鬆弛法乃使用收緊放鬆對比(tension-relaxation contrast)的效應,指導組員把焦點放在「肌肉放鬆」時那種輕鬆舒服的感覺上,從而達致放鬆的效果。練習的過程:工作員先指導組員把某一組肌肉「用力收緊」,並維持三至五

秒，然後即時把該組肌肉放鬆，彷彿進入無力狀態似的。同時，工作員指導組員感受放鬆那一刻的舒服感覺（這一點非常重要，切勿祇顧着指導組員作肌肉的收緊或放鬆）。鼓勵組員於日常多加練習，特別鼓勵組員感受當時鬆弛的經驗（請參考本章肌肉鬆弛練習指導）。

意象鬆弛法乃是透過一些幻想將自己投入於一個正面的、舒服的情景內，令自己有輕鬆的感覺。在帶領時，工作員盡量以「低沉」的聲音慢慢地描述一些舒服的情景。譬如說：「你們現在身處於一個了無人跡的沙灘上……盡量去想想你們現在身處於一個了無人跡的沙灘上……和暖的太陽光線照射在你們的臉上，去感覺那和暖的太陽光線照射在你們臉上的那種舒服的感覺……。天空上的沙鷗自由自在地展翅翱翔……」。但是，切勿把情景的內容複雜化，人物、事物、景像祇求簡單，內容重複亦無妨。鼓勵組員平日多加練習，特別提醒組員作自我指導時要注意上述的練習原則（意象鬆弛練習指導請參考頁87）。

呼吸鬆弛法的使用：可以教導組員當意識到生理警報系統出現生理反應時，代表負面情緒反應已出現；這時，可以透過有節奏的自然呼吸法，令自己達致鬆弛的效果。這亦是分散注意力的好方法，可把自己帶進較冷靜的心境。另外，亦可以在緊張或處於壓迫性的環境時使用此法，並請組員把所有的專注都放在有節奏的呼吸上，在心中以"1"代表吸氣，並維持兩秒，然後以"2"代表呼氣，並維持兩秒的方式來進行此練習，將有效達致某程度上的放鬆效果（呼吸鬆弛練習指導請參考頁98）。

情緒溫度計

「情緒溫度計」這個技巧主要是協助組員瞭解他們此時此刻的情緒狀況及會引致這種情緒狀裏的因素。透過情緒溫度計的練習，組員一般都可以警覺到自己的情緒是受着周圍環境及自己的想法和行為所影響。情緒的指數一般由"0"至"10"，"0"代表極不輕鬆，"10"代表非常輕鬆。

除此之外，「情緒溫度計」還有其他的用途。由於小組組員每星期都會出席小組聚會，因此，透過情緒溫度計的練習，組員可檢視一下自己在過往一星期的情緒狀態。如有任何改變，工作員可藉此引導組員回想之前的種種環境及個人的行為或思維因素，並探討這些因素怎樣影響組員的情緒變化。當情緒改變是正面時，工作員會鼓勵組員繼續保持這些適當的行為及想法；但倘若組員的情緒改變是負面的話，工作員不要強調轉壞的原因，相反的，工作員會引導該組員思考他在未來一星期裡，怎樣提升自己的正面情緒。

「情緒溫度計」的另一個作用是引起組員間作出互相比較。在小組過程中，透過組員各自講述自己的情緒狀裏，某些組員便會察覺到他所給予自己的情緒指數可能過低。同時，這亦可使他們瞭解到雖然外在的環境因素沒大分別，但個人的思想及行為因素卻可引致極不一樣的情緒反應。這樣會加深組員對自己的思維及行為模式的認識。

以下的片段節錄了工作員在小組開始時利用「情緒溫度計」來引導組員分享他們在過往一星期的生活狀況，其主要作用是讓組員瞭解自己的情緒狀況與生活之間的關係。另外，工作員透過這個練習可以讓組員投入互相分享的氣氛中。

例子 2

組員（阿昂、阿偉、阿文）
工作員

阿昂： 我會給自己6分，因為我覺得比前進步了。我本身是個非常容易緊張的人。感謝工作員上星期借了一本書給我，讓我明白到一些怎樣處理壓力的技巧。在這個星期，我嘗試運用這些技巧，發覺效果不錯。我會努力嘗試學習這些技巧。（*當組員給予自己一個分數時，他會仔細的思索自己的情緒狀況，並嘗試尋找導致情緒轉變的原因。這樣，他便可以瞭解到情緒與行為及思維的關係*）

工作員： 希望你繼續用學到的技巧來解決自己的問題。

阿偉： 我會給自己的情緒指數是6-7，因為這星期的工作一如以往的忙碌。但是今天看到小組有三個組員都病了，比較之下，我覺得自己的精神也不錯，不是那麼差，所以我會多給自己1至2分。（*從比較中使自己調節個人的情緒指數，不致於過份負面*）（引來哄堂大笑）

工作員： 哈，也有道理。

阿文： 我的情緒指數大約為6分，最近公司內部出現人事變動，令我無所適從。但我在這公司做了十年，其實無論它如何改變，都是一樣。

工作員： 那麼，為何你的情緒指數仍有6分？（*他給予自己的指數與情況不符，故工作人員作出這個提問*）

阿文： 因為我已習慣及適應了這樣的轉變，覺得這只是一份工作。

工作員： 所以你的想法就是：「無論世界如何轉變，對你來說只是打一份工，不要投入太多的感情。」(*讓他瞭解自己情緒背後的想法*)

阿文： 不錯，我正是這樣想！

> 活動 3.1 工作紙

情緒溫度計

請你使用「情緒溫度計」來量度你此時此刻的心情：

0 代表極不輕鬆　　　　　　　　　　**10** 代表非常輕鬆

| 0 | 1 | 2 | 3 | 4 | 5 | 6 | 7 | 8 | 9 | 10 |

請你使用「情緒溫度計」來量度你此時此刻的心情：

0 代表極不輕鬆　　　　　　　　　　**10** 代表非常輕鬆

| 0 | 1 | 2 | 3 | 4 | 5 | 6 | 7 | 8 | 9 | 10 |

請你使用「情緒溫度計」來量度你此時此刻的心情：

0 代表極不輕鬆　　　　　　　　　　**10** 代表非常輕鬆

| 0 | 1 | 2 | 3 | 4 | 5 | 6 | 7 | 8 | 9 | 10 |

請你使用「情緒溫度計」來量度你此時此刻的心情：

0 代表極不輕鬆　　　　　　　　　　**10** 代表非常輕鬆

| 0 | 1 | 2 | 3 | 4 | 5 | 6 | 7 | 8 | 9 | 10 |

請你使用「情緒溫度計」來量度你此時此刻的心情：

0 代表極不輕鬆　　　　　　　　　　**10** 代表非常輕鬆

| 0 | 1 | 2 | 3 | 4 | 5 | 6 | 7 | 8 | 9 | 10 |

請你使用「情緒溫度計」來量度你此時此刻的心情：

0 代表極不輕鬆　　　　　　　　　　**10** 代表非常輕鬆

| 0 | 1 | 2 | 3 | 4 | 5 | 6 | 7 | 8 | 9 | 10 |

> 活動 3.4 講稿

正向思維法

(一) 簡單記錄曾經發生的一件事或情況,描述你在這件事上所引發的「不自主思想」。

事件	不自主思想

(二) 嘗試用爭辯的過程,將非理性的思想轉為理性思想。

爭辯過程

1. 是否每個人處身於我的境地,都一定有我這種想法?
2. 倘若你是(另一個人),他會否跟你一樣,有同樣的想法?
3. 有甚麼事實及理由可以證明我的想法是絕對正確的?
4. 有甚麼事實及理由可以證明我的想法是非理性的?
5. 從另一角度看這件事,我的想法是……
6. 這種新的想法,會帶給我甚麼好處?例如情緒反應?行動後果?

理性思想

活動 3.5 家課紙

正向思維法

日期	當時情況	負面不自主思想	情緒反應	正向思維法

活動 3.5 補充資料

為何身心鬆弛是那麼重要的？

緊張和鬆弛都是一種身心的感覺。當我們感到緊張時，我們的身體可能會出現以下的徵狀：呼吸急促、心跳加快、肌肉緊張及面紅耳熱等等。這些徵狀的出現就好像一個警告訊號，說明我們的身體已進入了緊張狀態。根據不少的臨床研究報告結果顯示，倘若我們的身體處於極度緊張的狀態時，我們很難冷靜，也很難有系統地分析事物及尋求解決方法。因此，緊張的情況便會循環不息地惡化下去。另一方面，一些長期處於緊張狀態的人，會較容易出現負面情緒，例如容易發脾氣、憤怒等等。而長期緊張的人亦會容易出現以下的種種疾病：胃潰瘍、緊張性頭痛、高血壓和心臟病等。反之，當我們感到鬆弛的時候，會覺得身體肌肉放鬆，身心舒暢，有如置身於一個極為幽美和寧靜的環境中（Mandler, 1982; Meichenbaum, 1993; Otto, 1999）。

其實，引致身心緊張的因素十分多，但總括可以分為「內在因素」及「外在因素」兩方面。外在因素包括：（1）長期面對生活壓力，例如繁重的工作及經濟困擾等；（2）面對重大的生活轉變，如結婚或離婚、親人逝世、失業及搬屋等；及（3）人際相處上的問題，例如夫妻之間的爭執、同事間的不和等。而內在因素方面，一般是指個體在面對外在因素的纏擾時，不同的理解或處理方式，會影響個人的身心狀態。在思維方面，倘若我們認為某些事情會為自己帶來傷害（harm）、損失（loss）或威脅（threat），身體便會不自覺地產生緊張的反應（Beck, 1979）。另一方面，如果我們認為自己有能力應付所面對的問題時，我們便不會感到那麼緊張；反之，若我們把事情視為難於解決的問題時，我們的身體便會緊張起來。這個立論告訴我們，外在的環境因素不一定會直接引起身體的緊張反應，真正是在於我們怎樣評估「外在因素的嚴重性」及「自我解決問題的能力」，這才是導致情緒反應的主要因素（Furr, 2000; Michelson & Ascher, 1987）。

無論原因在哪裡，當我們的身心感到緊張時，我們必須有效地調適這種緊張的狀態。從文獻中，我們可以把現在已知的鬆弛方法分為以下兩大類型：（1）即時紓緩身心緊張的鬆弛方法，例如呼吸技巧；（2）長期的身心鬆弛練習，如肌肉鬆弛法和意象鬆弛法等。前者的主要功用是協助當事人在極度緊張的情況下，盡快讓自己平伏緊張的心情，並冷靜地處理所面對的問題。後者的作用是幫助當事人在日常生活中建立一個較為輕鬆的身心狀態。如果我們經常進行鬆弛練習，身心便會得到調適，不至於長期處於緊張的狀態。

　　在小組中，我們將會向大家介紹幾種身心鬆弛的方法，其中包括：（1）呼吸技巧、（2）肌肉鬆弛法及（3）意象鬆弛法。這些方法的步驟將會在小組中詳細介紹。

小組活動 第**4**節
思想大變身（二）

目標

幫助組員學習改變負面的不自主思想

■ 工作員角色

工作員所扮演的角色大致與第三節時相類似，在這一節裡工作員宜作「自我表露」(self-disclosure)。其實在帶領小組的過程中，工作員的分享是一個很重要的元素，不但可以強化自己與組員的關係，而且還可帶給組員一個模範，促使他們放膽在小組中開放自己。倘若工作員所分享的是個人的某些限制或不足，這樣，還可以藉此協助組員較易在小組中分享他們的弱點或負面不自主思想。

程序安排

活動	主題	時間
4.1	「情緒溫度計」測試	20 分鐘
4.2	回顧家課紙 • 分享討論 • 角色扮演	50 分鐘
4.3	介紹其他情緒處理技巧 • 角色扮演 • 小組討論	40 分鐘
4.4	總結 • 回顧是次小組內容 • 家課安排	10 分鐘

活動指引

活動 4.1 「情緒溫度計」測試（20 分鐘）

目的
- 教導組員認識他們此時此刻的情緒是受到什麼生活事件、思維及行為因素所影響

內容
1. 讓組員使用「情緒溫度計」（活動 3.1 工作紙，頁 66）來量度組員此時此刻的心情：
   - "0" 代表極不開心
   - "10" 代表非常開心
2. 工作員鼓勵組員嘗試找出在情緒指數的背後，有着哪些生活事件、想法及行為因素在影響着他們的情緒。

所需物資
1. 「情緒溫度計」（活動 3.1 工作紙，頁 66）
2. 筆

活動 4.2　回顧家課紙（50 分鐘）

目的
- 重溫上次學習內容，對於吸收新知識有起承轉合的作用
- 跟進家課進度及強化所學習的技巧概念

內容
1. 跟進活動 3.5 家課紙及討論組員如何運用「正向思維法」。
2. 首先，以二或三人為一組，在組內請組員個別描述分析及討論對方所用的「正向思維法」是否恰當。
3. 在小組討論時，組員可互相協助對方找出恰當的「正向思維法」的語句。
4. 然後，將上述各人得出最恰當的「正向思維法」語句，直接透過角色扮演演繹出來。
5. 各組員可藉角色扮演的過程，加強正向思維法技巧的練習，從而進一步幫助他們掌握這技巧，鼓勵他們在日常生活中運用出來。
6. 在角色扮演過程中，組員若果未能正確使用「正向思維法」的技巧時，工作員要馬上「叫停」，並即時作小組討論（邀請其他組員給予意見），嘗試修正錯誤的地方，然後請正在進行角色扮演的組員繼續他們的練習。

所需物資
1. 「正向思維法」（活動 3.5 家課紙，頁 68）
2. 筆

活動 4.3 介紹其他情緒處理技巧（40 分鐘）

目的
- 教授組員其他的情緒處理技巧
- 幫助組員透過情緒處理技巧平伏個人的心情

內容
1. 教授組員其他的情緒處理技巧及如何令情緒得以平伏。四個情緒處理技巧詳列如下：
   - 意象鬆弛法：主要透過一些幻想將自己投入於一個正面的、舒服的情景內，令自己有輕鬆的感覺。
   - 呼吸鬆弛法：當生理警報系統出現生理反應，代表負面情緒反應已出現。這時，可以運用有節奏的呼吸，透過有節奏的自然呼吸法，令自己達致鬆弛的效果。
   - 負面思想停頓法：教導組員掌握當負面情緒出現時，如何使自己從那負面思想中走出來。當上述情況出現，我們可以在心中大聲呼喚着「我不要想下去了！」。也可以嘗試在心裡想其他東西，或者透過一些另類想法，使到負面思想減弱，甚至消失。
   - 情緒聰明咭：找一張精美的咭，請組員寫出令他們感覺很溫馨、很舒服的語句。當他們感到負面情緒出現時，便取出這張「情緒聰明咭」，嘗試將自己投入這咭的文字描述裡，讓自己的情緒得以紓緩。
2. 工作員透過角色扮演介紹四個情緒處理技巧，令組員能親身體驗這套技巧如何運用，同時加強他們對情緒處理技巧的概念。
3. 若時間許可，最好即時安排組員作簡單的角色扮演（請組員嘗試回憶一段不開心的經驗），以練習上述的技巧。

4. 在角色扮演的過程中,遇上有需要時,工作員要立即協助組員作修正。

所需物資
1. 準備精美的咭紙(大約 5.5cm X 9cm),以備用作「情緒聰明咭」
2. 筆

活動 4.4　總結 (10 分鐘)

目的
- 讓組員對是次內容有清晰扼要的掌握及瞭解
- 家課安排

內容
1. 工作員協助組員簡單回顧是次小組內容重點,以加深組員概念。
2. 工作員簡介及安排家課,解釋如何填寫家課紙,並邀請組員盡量將家課完成,在下次小組時討論。
3. 家課練習安排:工作員派發家課紙予組員,邀請他們記錄未來一星期,他們在生活上如何應用情緒處理技巧。
4. 工作員鼓勵組員閱讀「負面思想自辯的意義及方法」(活動4.4補充資料)。

所需物資
1. 活動4.4家課紙 (頁80)
2. 「負面思想自辯的意義及方法」(活動4.4補充資料,頁81)

是節技巧的解說與例證

負面思想停頓法（Thought Stopping）

「負面思想停頓法」的功能是協助組員在面對自己的負面不自主思想（Negative Automatic Thought）出現時，懂得即時提醒自己停止這些負面想法（見頁74）。因此，組員首先要意識到自己的負面思想已出現，並即時叫自己不要再繼續想下去。與此同時，組員要學習把注意力轉移到別的事情上或嘗試糾正不自主的負面思維。

故此，「負面思想停頓法」通常會與其他技巧一起使用，當中包括「正向思想」（Positive Thinking）或「注意力分散」（Distraction）等技巧。正向思想的作用是協助組員當察覺到自己的負面思想出現時，除了叫負面思想暫停外，並要即時想出一句正面的想法來抗衡那負面的思想。在小組過程中，工作員首先邀請組員找出一個經常在某種壓力事件下出現的負面不自主思想，然後讓組員想出一句正向思想來抗衡這負面思想。經過重複的小組練習後，工作員鼓勵組員在日常生活中，一旦有同樣的負面思想出現時，便嘗試應用這個技巧來糾正它。

「注意力分散」技巧是當組員察覺到負面的不自主思想出現時，便把注意力分散或轉移到另外一些無關的事情上。這個技巧的特點是要組員盡快避免過份專注在負面思想中而無法自拔。在工作員過往的經驗中，有些人士會不斷糾纏在負面思想中而引致情緒問題。

以下片段是描述小組正在討論如何使用「負面思想停頓法」、「注意力分散」及「正向思想」技巧的情況。當中的組員初為人母，除了要適應這個新的角色外，她還要面對一份繁重的工作。再者，她認為奶奶對她頗為挑惕，經常在說

她的不是。在面對奶奶時，她開始出現一些不自主的負面思想。經過了多次的練習後，這位組員學會了應用「負面思想停頓法」及「正向思想」來處理這些負面的不自主思想。

例子1
案主（阿鈺）
組員（阿伍、小朱）
工作員

阿鈺： 我以往給予自己太大壓力，故經常脾氣暴躁，對什麼事情都感到不滿。我認為我必須要把每一件工作都做到最好，就好像這是自己的一盤生意一樣。我一直都是個較為悲觀的人，每當我面對一些困難時，我必定會不自主地說：「糟糕了！」這樣一來，我便感到更加緊張，甚麼事情也解決不了。

最近，我開始訓練自己凡事都要正面一點去想。我現在沒有以前那麼容易發脾氣。同時，當面對使我緊張的情況時，我會叫自己：「停下來！看事情不要老是這般悲觀，要積極及正面點去想。」（*負面思想停頓法*）

阿伍： 凡事都有個開始，我亦發覺現在的妳較以往樂觀，在談話時表現得較為正面。

小朱： 但我覺得自己無法阻止不自主的負面思想出現，因為當它出現時，我已不自覺地陷入負面的思想困局中。

工作員： 我剛才聽到部分組員說已掌握到怎樣阻止不自主的負面思想出現，你們可否跟大家分享你們的經驗。（*工作員推動其他組員分享成功的經驗*）

阿鈺： 就讓我來分享一下自己的經驗吧！我與奶奶的關係

表面上是還可以的，但我覺得她在針對我，凡事都與我作對。在照顧小孩子的事情上，我認為她總是在刁難我，我為此而感到十分憤怒及不高興。但現在當我開始想到她在挑剔我時，我會叫自己立刻停止這些負面的想法。因為我明白到如果我繼續想下去，我只會感到更加不高興。（*她用了負面思想停頓法*）

同時，我亦會叫自己正面一點去想想當時的情況。譬如，其實奶奶對我的兒子也很不錯，我不需要過份介懷她在小事情上對我的挑剔。另外，我亦會想到大家畢竟是一家人，也不必過份執着。（*她用了正向思維的技巧*）

我覺得這些方法對我頗為奏效。當我能在最快的時間停止負面的思想，並能正面一點看事情時，我的心情會來得輕鬆一點。

另一個片段敘述一位母親在收到學校來電說兒子的成績不及格時，她的不自主負面思想如何使她感到極不高興。工作員在此鼓勵她利用「負面思想停頓法」及「正向思維」來幫助自己控制情緒。

例子 2
案主（阿蓮）
工作員

阿蓮： 我收到學校打來的電話，說我的兒子有幾個科目不及格，要重考那些科目。我覺得這是我的責任，倘若我能好好的教導兒子，他的成績便不會一塌糊

	塗。我的姐姐也曾告訴我要花更多時間管教孩子，我沒有聽她的忠告。
工作員：	當妳聽到兒子的成績不及格的消息時，腦海中在想着些什麼？
阿蓮：	我當時在想：「我的孩子一定會被趕出校，這完全是我的責任，我為什麼不用心管教他呢！」
工作員：	似乎妳很快便作出了一個結論：孩子不及格便一定會被趕出校。同時，你把責任歸咎於自己，妳可能已犯上了「個人化」這個負面不自主思想模式。我們現在姑且不去深入探討這個情況，但我想把時光倒流到妳剛收到學校來電時的那一刻。當妳聽到兒子成績不及格的消息時，妳可會有什麼不同的想法和做法？
阿蓮：	其實，我可以先叫自己停下來，不要胡思亂想。同時，我更不應那麼快便作出結論，說兒子一定會被趕出學校。從正面看，孩子獲得補考算是個機會，倘若孩子能努力溫習功課，他便不需要留級或被趕出校。還有，我亦可趁着這個機會好好的教導孩子讀書的態度和方法。（這一位組員想到利用「負面思想停頓法」叫自己不要讓不自主的負面思想繼續纏繞着自己。其次，她亦想到了運用「正向思維」的技巧來讓自己正面地評估及瞭解問題）

活動 4.4 家課紙

日期	當時情況	負面不自主思想	負面情緒	曾應用之情緒處理技巧
				(例如:正向思維法、意象鬆弛法、呼吸法、負面思想停頓法、情緒聰明咭)

> 活動 4.4 補充資料

負面思想自辯的意義及方法

前言
「認知治療學派」認為人的負面不自主思想模式（見活動 2.3 講稿）及信念是透過經驗學回來的。當我們面對生活事件時，這些思想模式及信念會不自主地影響着我們對這些事件所作的理解及分析，從而進一步影響我們對事件的判斷，最終使我們產生某些行為及情緒反應。從心理輔導的角度看，我們必須學習糾正那些「習以為常」的失效思想模式及謬誤信念，好讓我們從不恰當的行為及情緒反應中糾正過來。

自辯的目的
當我們察覺自己用了不恰當的思想模式及信念去理解事物時，我們可以即時利用自辯方法來檢視自己的想法是否出了問題。例如，當朋友批評自己的時候，我們可能會立刻想到朋友是故意挑剔自己，並為此而感到不高興。在這個時候，我們便可以利用自辯的方式來檢視自己的想法是否恰當。我們可以這樣問自己：「我有什麼事實和証據可証明朋友是故意挑剔自己呢？」；另外，我們亦可以問：「是否所有人身處於同一情況下，都會像我一樣作出同樣的結論呢？」。透過這些自我提問的方法，我們便可分辨出自己的想法是否正確。

學習過程
初學者往往會因感到難於糾正不自主思想及信念而很快放棄運用自辯的技巧，這一點是值得我們注意的。其實，自辯是一個過程，過程中的技巧是要經過重複的練習才可以掌握得到。同時，我們亦要學習怎樣察覺自己是否已陷入負面不自主思想及信念的羅網中。這個步驟是非常重要的，因為這樣可以把本來不自覺的負面不自主思

想及信念，提昇到意識的層面上。換言之，我們要經常提醒自己是否理性及正面地剖析問題。一般而言，我們可以用以下兩個方法協助自己把不自主的負面思想提升至意識層面：（1）在面對某些生活事件並出現負面情緒時，我們可以問自己這個問題：「我是否用了一些負面不自主的思想模式去瞭解和分析這生活事件？」；（2）把事件寫在紙上，並嘗試思索這事件是怎樣影響自己的思想、行為及情緒。透過上述的方法，我們便可知道自己是否出現了負面思想模式及信念。當我們習慣了用這個方法去瞭解自己的思想模式及信念時，我們便可以不用把它寫在紙上。

自辯技巧

當我們察覺自己的思想中出現負面思想模式及信念時，我們可以用以下的自我提問方式來糾正這些思維：

1. 「是否有什麼証據可以証明我這個想法是對的？」或「是否有什麼証據可以証明我這個想法是錯的？」這兩個提問可以協助我們理性地分析事件或情況。例如，當我認為朋友是有意挑剔自己時，這兩個提問便可引導我們去尋找証據証明或推翻自己的想法。
2. 「是否每個人處於同一情況下，都會跟我有同樣的想法？」這個提問可以幫助我們瞭解到自己的想法並非「唯一或絕對」的，因此自己的想法也不一定是對的。
3. 「從另外一個角度看這件事，我的想法是……」或「若果我是另外一個人，我可以作哪些與自己不一樣的想法呢？」其實，每一件事情都可以有多個觀點及看法，自己的某個看法不一定是對的。
4. 「情況最壞的時候會是怎樣呢？」或「情況若果沒有自己想像中那麼壞時，結果會是怎樣呢？」有些時候，我們會把事情災難化，認為事情已到了一個無法收拾及極壞的境況。其實，當我們細心審視事情後，我們便明白到事情往往並非想像中的那麼壞。這種提問法對於那些容易焦慮的人尤其有效。

5. 「如果我繼續負面的想下去，對我會帶來什麼壞處呢？」或「如果我用一個新的想法去瞭解這件事情，對我會帶來什麼好處呢？」這兩個提問主要是協助我們去衡量某個負面的想法是否值得繼續擁有，或應立刻把它放棄。倘若我們明白某些負面思想模式及信念是經常影響着我們的情緒及行為時，我們便應該放棄那些負面的想法及信念了。

小組活動 第 5 節

「與負面思想說再見！」

目標
- 協助組員互相挑戰對方的負面思想
- 讓組員演練在小組中學過的改變思維及行為的技巧

■ 工作員角色

是節的工作重點是希望透過小組互動，讓組員互相挑戰對方的負面不自主思想，並協助對方尋找改善負面思維的方法。工作員的角色主要是創造和維持一個安全及和諧的氣氛，讓組員可自由地抒發對其他組員的感受。其角色可以說是個「促進者」(facilitator)。另外，工作員亦是一位「協調者」(mediator)，當組員間出現一些爭拗或向其他組員表達一些負面情緒時，工作員在適當的時候可考慮介入，以緩和一下緊張的氣氛。但我們認為在一般的情況下，工作員應盡量讓組員互相自我調節，不用太早介入組員間的爭拗中。上述提

議基於兩方面的考慮：其一，緊張的氣氛可使某些組員更認真地檢視自己的思想、行為及情緒問題。從帶領小組的經驗中，組員會因為別人的挑戰及評語而感到不安和不好受，但在明白到對方的挑戰及批評是善意時，組員一般都會接受下來，並細心地檢視自己的情況。第二個理由是組員亦應該透過這些經驗來學習聆聽及接受別人的批評和意見。當然，倘若工作員發覺組員間的爭拗可能會對小組的進展及個別組員產生負面的影響，他便應該想辦法緩和一下緊張的氣氛和處理當中的衝突。工作員另一個角色是作為小組的模範，在過程中，他可以以身作則地讓組員瞭解到怎樣提出意見及怎樣接受別人的意見。

■ 程序安排

活動	主題	時間
5.1	意象鬆弛法 • 指導練習 • 「情緒溫度計」測試	20 分鐘
5.2	回顧家課紙 • 分享討論 • 角色扮演	1 小時 20 分鐘
5.3	總結 • 回顧是次小組內容 • 家課安排	20 分鐘

■ 活動指引

> 活動 5.1　意象鬆弛法（20 分鐘）

目的
- 教授組員意象鬆弛的技巧
- 透過「情緒溫度計」的練習，讓組員更清晰地瞭解自己的身心及情緒狀態
- 與組員一起探討怎樣在日常生活中找到可以使自己感到鬆弛的環境和方法

內容
1. 首先，工作員會邀請組員在小組室內尋找一個舒適及寧靜的位置，並可提議組員選擇是否要把眼鏡、手錶或鞋襪脫去。
2. 當大家都安靜下來後，工作員可以開始誦讀一段故事，引領組員進入一個輕鬆愉快的情景中。一般而言，工作員已預先準備一段故事，其內容是描述一個舒服及寧靜的環境。譬如說：「你們現在身處於一個了無人跡的沙灘上，和暖的太陽光線照射在你們的臉上。天空上的沙鷗自由自在地展翅翱翔……」。在過程中，工作員要不時提點組員排除心中的雜念，並鼓勵組員感受那份愉快輕鬆的感覺。
3. 完成練習後，工作員可透過「情緒溫度計」量度組員即時的情緒感覺系數：
    - "0"代表極不輕鬆
    - "10"代表非常輕鬆
4. 工作員繼而邀請組員分享過程中的感受，並鼓勵組員思考如何在現實生活中找到一個可以使自己同樣感到鬆弛的環境和方法。

| 活動 5.2 | 回顧家課紙（1 小時 20 分鐘）

目的
- 跟進家課進度
- 透過分享和練習，協助組員深化情緒處理及改變思維和行為的技巧

內容
此環節並沒有預先既定的內容，工作員只是按着組員所提出的情況來鼓勵組員彼此分享意見，並且為對方提出一些具體的建議。因此，工作員必須仔細聆聽組員的分享，從而有效地引導組員們去細心思考自己及其他人的情況。

1. 工作員邀請組員分享他們在過去一星期內運用了哪些情緒管理技巧來處理壓力、運用程度及運用中有否遇到困難等。
2. 工作員鼓勵組員積極參與討論，並嘗試互相修正對方不恰當的想法和技巧。工作員更進一步邀請組員互相給予對方建議，讓他們學習新的思維模式及解決問題的方法。
3. 當組員有了新的領悟後，工作員可引導組員透過角色扮演，進一步深化情緒管理技巧的概念及運用。

所需物資
活動 4.4 家課紙（頁 80）

| 活動 5.3 | 總結（20 分鐘）

目的
- 讓組員對是次內容有清晰及扼要的掌握
- 家課安排

內容
1. 工作員協助組員簡單回顧是次小組內容的重點。
2. 工作員簡介如何填寫家課紙，並邀請組員盡量將家課完成，以便在下次小組時進行討論。在簡介時，工作員不會清晰交代這個練習背後的目的及作用，留待下星期小組時才作出詳盡的解釋。
3. 工作員派發「日常生活活動事務記錄表」（活動5.3家課紙）給予組員，並邀請他們記錄每天在不同時段裡所發生或完成的活動／事務，並對那件活動／事務作出評估。組員可用"0"至"5"分去評估每件事情為他們帶來的成就感及滿足感。"0"分代表完全沒有成就感或滿足感，而"5"分則代表他們得着極大成就感或滿足感。
4. 在我們的經驗中，某些組員會表示沒法在每一個時段中緊記着把事情記錄下來及作出評估。工作員應以體諒的態度來鼓勵組員盡量完成這個練習，並強調他們只需盡力而為便算是完成工作。

所需物資
「日常生活活動事務記錄表」（活動5.3家課紙，頁95）

■ 是節技巧的解說與例証

日常生活活動事務記錄表（Activity Chart）

「日常生活活動事務記錄表」是把一星期內的每一天分成不同的時段設計一記錄表，然後請組員們自行記錄填寫。這種記錄表可以有多種用途，例如可作日常活動的監察、對成功事件的量度及分析、對負面情緒的監察及量度，又或以這些記

錄作為可能會出現的問題之預測根據等。工作員可以按需要而訂定用途。

在本小組裡，工作員派發「日常生活活動事務記錄表」給予組員，並邀請他們記錄每天在不同時段裡所發生或完成的活動／事務，並對那件活動／事務作出「正面」或「負面」的評估。組員可用"0"至"5"分去評估每件事情為他們帶來的成就感及滿足感。"0"分代表完全沒有成就感或滿足感，而"5"分則代表他們得着極大的成就感或滿足感。工作員協助小組組員瞭解自己有否正面讚賞自己的優點，抑或祇是不斷地貶低自己的能力。

在小組裡，工作員會跟進組員在過去一星期內完成的「日常生活活動事務記錄表」情況。在開始分享「日常生活活動事務記錄表」前，工作員先引導組員瞭解這個練習的目的，其中包括：(1) 透過組員在日常生活的成就感及滿足感的分享，可以看到他們是否有適當地給予自己應得的讚賞。另一方面，可以看到他們有否不自覺地貶低自己的成就。當中，工作員可以解釋自我的負面評價如何影響我們不能正確地評價自己的行為；同時，這樣的負面評價亦會為自己帶來負面的情緒。(2) 從連串的負面評價中，組員或許可以看出自己的「負面核心信念」。從組員所覆述的情況中，工作員帶領組員反思及分享他們是否有給予自己恰當的自我評價及讚賞，並特別鼓勵組員彼此欣賞對方的成就。另外，工作員亦會在有需要時指出組員自貶的言行及組員之間並沒有察覺到的優點。

在實際的應用中，某些組員往往表示沒法在每一個時段中緊記着把事情記錄下來及作出評估。工作員應以體諒的態度來鼓勵組員盡量完成這個練習，並強調他們只需盡力而為便算是完成工作。另外，工作員亦會邀請已完成的組員作分

享，特別請他們介紹如何安排時間作記錄及分享他們所經驗過的詳細分析和討論後的感覺，希望這剖白的過程能成為其他組員的正面楷模。

例子1：如何作記錄的分享
組員（小清、阿茹、阿標）
工作員

小清： 我總是提不起勁作記錄，對不起！我老是這樣的，想做很多事情，但是沒有一件事做得好......

工作員： 小清，你彷彿在責備自己沒有貫徹做好自己想做的事情，亦可能會憎恨自己未能履行對自己的承諾......但是，在這裡我想邀請其他組員協助小清分析她剛才用了哪一種思維模式！（*工作員希望透過其他組員的回饋，讓小清瞭解她自己使用了某種負面不自主思想*）

阿茹： 其實我覺得小清的分析力頗強，平時我們在作討論時她往往能看到我們沒有注意的地方，給予我們很好的分析參考。但是，她總喜歡批評自己，其實我亦沒有做好記錄表！那記錄表真的不易做，有空時想休息，又或者已經無法清楚記起做過什麼事。

工作員： 在作記錄時，似乎阿茹亦遇到某些困難！待一會我們可以談談自己在填寫記錄方面的經驗分享。至於剛才嘗試協助小清作思維模式的分析，有沒有組員可提供自己對小清的看法呢？（*工作員想把焦點帶回小清身上*）

阿標： 有關小清的表現，其實我們以前亦說過，她很慣常用「必定」、「必然」及「偏向負面」的思考法，所以常常對自己感到不滿！

小清： 其實我已經改善了很多！例如前兩天，我的老闆讚我細心，我並沒有想成：「老闆的話是否有什麼『含義』？是否在影射我……。」

工作員： 很高興看到妳這一次欣然接受了他人對妳的讚許（*給予正面的的評價，希望加強她改變的正面動力*），我猜妳當時亦會感覺高興！對嗎？其實當時妳的老闆向你稱讚時，妳的思想反應與以前有什麼不一樣呢？（*想協助她進一步看到自己的進步*）

小清： 其實我當時出現的想法並不是好的，但是我馬上叫自己「停」，並作「呼吸練習」及叫自己「平靜」下來。我覺得這方法真的有效，我發現當自己能夠心平氣和時，就比較容易想到正面的東西。但是我似乎仍處於「初級班」，尚需多多努力。

阿標： 妳不要迫得自己太緊，總要點時間去學習。我覺得妳已經比以前大有進步，看自己亦正面了很多。

工作員： 我們真高興看到小清對使用「停止思考法」及「呼吸鬆弛法」已有初步成效，更在生活中應用出來（*給予正面評價，希望對小清有鼓勵作用*）。另外，在作記錄「生活活動事務記錄表」時，有沒有組員嘗試記錄某些活動資料呢？（*只強調「嘗試」作記錄，而並非強調「完成所有的記錄」，這樣較不會給予組員太大的壓力*）

阿標： 其實我有努力作記錄……

工作員： 很欣賞你的努力！請你告訴我們你是如何分配時間來作記錄的。（*這分享正好作為其他組員的正面楷模*）

例子 2：分享「日常生活活動事務記錄表」
組員（小芬、阿芳、阿邦）
工作員

工作員： 阿邦很用心地填寫了「日常生活活動記錄表」，很值得我們欣賞！（*給予阿邦正面的回饋，以示鼓勵！*）而阿邦亦覺得勉強算是完成了自己的諾言！對於阿邦剛剛的個人分享，其他組員可有什麼回應呢？（*工作員希望透過其他組員的回饋，讓阿邦瞭解他自己使用了某些負面不自主思想*）

阿芳： 我覺得阿邦是完美主義者，他一定花了不少時間把「記錄表」填好，但是他卻表示在記錄方面，尚有很多地方需要改善！我真想問一問阿邦你尚可以如何改善呢？另外，就阿邦剛才所說……例如，他說當老闆要求他把圖再精細點繪畫出來時，他馬上感覺自己情緒有變，而使用了呼吸放鬆的技巧來控制自己的情緒。但是，阿邦對於自己成就感及滿足感的表現只給兩分，我覺得實在太低分了！

阿邦： 那是因為我當時覺得老闆總愛挑剔我，所以我才有怒火！

工作員： 似乎阿邦不接受自己有情緒反應，所以在成就感及滿足感上都只給予自己兩分。大家對阿邦的想法有沒有什麼回應？（*工作員想把阿邦對自己的要求說出來，好讓其他組員給予回饋，協助阿邦找出自己負面的核心信念*）

小芬： 我十分贊同阿芳的分析，阿邦事事追求完美，而我亦覺得阿邦太挑剔自己。試想，他以前一定破口大罵他的老闆！但是，你看他多厲害，他竟然可以察

覺自己情緒的變化，而且更嘗試用方法來放鬆自己。若果由我評分，我會在成就感及滿足感上都給予四分！
(此時有數位組員對阿邦有類似的稱讚，覺得他的確有進步)

工作員： 阿邦你對其他組員的意見有何回應？(*給予阿邦作自我分析的機會*)

阿邦： 我知道情緒會影響自己的思考，我想可以用自己的「聰明思考」(註：*在組裡工作員常常用聰明思考來代表正面的、客觀性的或邏輯性的思考模式*)來分析他人，所以，當時我想控制自己的情緒。但是，我對自己表現的評分，似乎我又用了「非好則壞」的標準來思考！(*阿邦的自我覺察力果然有進步，他很快便看到自己的核心思想是什麼*)

> 活動 5.3 家課紙

日常生活活動事務記錄表

星期 時間	一	二	三	四	五	六	日
早 6–7							
7–8							
9–10							
10–11	完成一項指定的工作。 成就感=3， 滿足感=2						
中午 11–12							
12–1							
1–2			在午飯前，老闆突然要我為他完成一項緊急工作，我感到措手不及。 成就感=2， 滿足感=1				

（待續家課紙⋯）

（續家課紙）

星期 時間	一	二	三	四	五	六	日
2–3							
3–4							
4–5							
5–6	參加兒子的畢業典禮。成就感=3，滿足感=4						
6–7							
7–8							
8–9							
9–10							
10–11							
午夜 11–12							

小組活動 第 *6* 節
「我都做得到！」

目標
- 協助組員認識自我讚賞的重要性
- 讓組員學習如何在日常生活中運用自我讚賞的技巧

■ 工作員角色

是節小組目的是希望組員認清自我讚賞的重要性。工作員不但透過練習使組員學懂上述的概念及技巧，工作員還會以身作則，不時對組員的回應直接表達欣賞。這樣，組員便可在小組中親身體驗到那份被接納及欣賞的感覺；同時，工作員亦會不時指出組員自貶的言行，從而讓他們重新選擇多些欣賞自己的長處及能力。工作員的其中一個角色是「教導者」(educator)，在小組過程中向組員解釋自我讚賞的重要性。另外，他亦是一位「參與鼓勵者」(encourage participation)，在小組進行時，不斷鼓勵組員反思及講出他們有否給予自己適當的讚賞，抑或經常在貶低自己的能力及成就；同時，他亦會鼓勵小組組員互相挑戰彼此的想法和做法，特別是當某些組員經常忽略自己的優點或不斷地在貶低自己的成就。

■ 程序安排

活動	主題	時間
6.1	呼吸鬆弛法 • 指導及練習 •「情緒溫度計」測試	10 分鐘
6.2	回顧家課紙 • 分享討論	40 分鐘
6.3	何謂自我讚賞 • 短講	5 分鐘
6.4	利用正向思維法改善他們不恰當的自我評價 • 分享討論	55 分鐘
6.5	總結 • 回顧是次小組內容 • 家課安排	10 分鐘

■ 活動指引

活動 6.1 **呼吸鬆弛法（10 分鐘）**

目的
- 教授組員呼吸鬆弛法的技巧
- 讓組員分享在日常生活中怎樣運用自我鬆弛的技巧

內容
1. 工作員鼓勵組員在小組室內尋找一個安靜及舒適的位置。

2. 工作員指導組員作基本呼吸鬆弛練習：
   - 工作員作解釋"1"代表吸氣，並維持兩秒，然後"2"代表呼氣，並維持兩秒。
   - 工作員指導組員作呼吸鬆弛練習，並喊"1──，2──"。整個練習為時約一分鐘。
3. 當組員學懂了這基本呼吸技巧後，工作員便邀請組員回顧過往一星期中，曾發生的一件使他們感到受壓的事件，並引導他們重新感受當時的身心狀況。當組員都進入當時的身心狀態後，工作員便指導組員有節奏地作深呼吸，使他們感受到身體因調節呼吸後而出現的鬆弛狀態。
4. 呼吸練習完畢後，組員分享即時的感覺。
5. 隨後，透過「情緒溫度計」量度組員即時的情緒感覺分數：
   - "0"代表極不輕鬆
   - "10"代表非常輕鬆
6. 工作員邀請組員為自己評分，並引導組員思考及分享他們在練習前後分數不同或沒有改變的原因。之後，工作員鼓勵組員思考怎樣在現實生活中運用呼吸技巧以達致鬆弛效果。

活動6.2　回顧家課紙　（40分鐘）

目的
- 跟進家課進度
- 協助小組組員瞭解自己有否正面讚賞自己的優點，抑或只是不斷地貶低自己的能力
- 鼓勵組員彼此欣賞對方的成就感

內容
1. 在開始分享「日常生活活動事務記錄表」前，工作員先引導組員了解這個練習的目的，其中包括：(1) 透過組員在日常生活的成就感及滿足感的分享，可以看到自己是否有適當地給予自己應得的讚賞。另一方面，可以看到他們有否不自覺地貶低自己的成就。當中，工作員可解釋自我的負面評價如何影響我們不能正確地評價自己的行為；同時，這樣的負面評價亦會為自己帶來負面的情緒。(2) 從連串的負面評價中，組員或許可以看出自己的「負面核心信念」。
2. 工作員跟進組員在過去一星期內完成「日常生活活動事務記錄表」（活動5.3家課紙，頁95）的情況。
3. 從組員所覆述的情況中，工作員帶領組員反思及分享他們是否有給予自己恰當的自我評價及讚賞。
4. 同時，工作員亦要準備在過程中隨時指出組員自貶的言行及組員並沒有察覺到的優點。這樣有兩個作用：(1) 藉此讓組員認識自己的「負面核心信念」。(2) 鼓勵組員重新評估自己對某些事件的評價，並予以欣賞。
5. 讓組員了解到個人的一些不自主思想及負面的自我觀會怎樣引致不恰當的自我評價。
6. 在小組討論中，工作員應積極鼓勵組員彼此分享及給予回饋，並協助對方指出及認識哪些是不恰當的自我評價。

所需物資
「日常生活活動事務記錄表」（活動5.3家課紙，頁95）

活動 6.3　何謂自我讚賞（5 分鐘）

目的
- 認識何謂自我讚賞

內容
工作員略作講解何謂「自我讚賞」（活動 6.3 補充資料，頁 106）。

所需物資
「自我讚賞的重要性」（活動 6.3 補充資料，頁 106）

活動 6.4　利用正向思維法改善他們不恰當的自我評價（55 分鐘）

目的
- 協助組員學會怎樣運用「自我讚賞計劃表」（活動 6.4 家課紙，頁 110）來肯定及讚賞自己的能力

內容
1. 工作員講解怎樣使用「自我讚賞計劃表」（活動 6.4 家課紙，頁 110）。
2. 把二至三位組員合為一組，然後鼓勵組員運用「自我讚賞計劃表」來計劃未來一星期如何在日常生活中運用自我讚賞技巧。
3. 工作員首先鼓勵組員想出一些他們希望在未來一星期可以完成的任務。他們必須要具體地說明怎樣才算是把任務完成。同時，組員要想出當他們能完成任務時，他們會怎樣讚賞自己。
4. 從我們的工作經驗中，工作員在小組討論中要不斷提醒組員必須訂定具體及可量度的成功指標。要不然，組員便難於清晰地檢視自己是否已完成所訂定的任務。

5. 各小組討論完畢後，組員必須返回大組作匯報。工作員和各組員彼此交流意見，過程中，工作員要指出哪些是不太具體及難於量度的指標。

所需物資
1. 「自我讚賞計劃表」（活動 6.4 家課紙，頁 110）
2. 筆

活動 6.5　總結（10 分鐘）

目的
- 讓組員對是次小組內容有清晰及扼要的掌握和瞭解
- 家課安排

內容
1. 工作員協助組員回顧是次小組的內容重點，加深組員對課題的認識。
2. 工作員鼓勵組員在未來一星期裡，要盡力把預先訂定的任務付諸實行。

所需物資
「自我讚賞計劃表」（活動 6.4 家課紙，頁 110）

■ 是節技巧的解說與例證

自我讚賞 (Self Reward)

「自我讚賞」是用來改善不適當的行為及思想的一種技巧。工作員透過協助組員填寫及推行「自我讚賞計劃表」，讓組員改善一些不適當的行為及想法。當組員能完成既定的目標時，他便可給予自己一些獎賞。這些經驗不但可為組員帶來

一份成就感，同時，亦可加強組員解決問題的能力及技巧。工作員必須提醒組員要訂定具體及可量度的行為目標及行為完成指標，而所安排的獎賞亦必須是組員自己喜歡的。在小組過程中，組員會互相協助對方訂立未來一星期的行為目標，並在分享經驗時挑戰及鼓勵其他組員。

一般而言，在最初階段，工作員只鼓勵組員們訂立一些較為簡單及容易達成的行為目標。但過了一段時間後，當組員們掌握了這個技巧及得到一些成功感後，工作員可以提升行為改變的難度。

以下節錄的片段可分為兩個部份。前一部份敘述一名組員在匯報過去一星期是否有履行「自我讚賞計劃表」內訂定的目標。這個組員與丈夫的關係十分惡劣，因長期處於這樣的狀態，她的情緒十分低落，並服用着抗鬱藥物。還有，她在工作上的表現欠佳，因經常未能完成指派的工作而成為同事們的攻擊目標，這樣一來，她在工作上的表現就更不理想。但在履行了計劃表內所訂定的目標後，她的情緒似乎較以往來得開心。當然，這個成功的經驗其實只是個開始，工作員會不斷利用「自我讚賞計劃表」來給予組員更多類似的成功經驗。後半部所節錄的片段是有關工作員怎樣協助另一位組員訂定下一個星期的行為目標及獎賞方法。

例子1
組員（兆文、阿權、阿康）
工作員

兆文： 上個星期我計劃寫一個計劃書及為同事安排工作時間表。本來我只需做一份計劃書，但最後做了兩份。一則限期將屆，二則計劃書實在不難完成，故我便成功完成了這部分的計劃。至於工作時間表，

	因未到限期和有其他瑣碎的事情要做，故暫未能完成。這是我一貫的作風！（*組員的說話反映出她在上一節曾訂立一些頗清晰的行為目標*）
工作員：	但妳有否覺得自己較以往進步了？
兆文：	從前，我不會那麼快便可完成工作，更不可能會超額完成工作。這可算是一些進步吧！
工作員：	妳有否按着所訂下的計畫去獎賞自己呢？
兆文：	（笑着）我的計劃是如果自己能夠達成訂下來的目標，我便會讓自己在凌晨二至三時扭開電視機，一邊看着粵語長片，一邊吃薯片。在過去幾個晚上，我是給了自己這個獎賞。（*在履行了一些訂定的目標後，組員給予一些自己喜歡的獎賞*）
工作員：	很高興聽到大家都能努力地履行自己所訂定的目標，而各人也取得一定的成績。不如我們現在繼續為下星期訂下自己的目標吧！
阿權：	我希望在未來幾個星期可以致電給所有義工小組的組員。我是一個義工小組的主席，但在過去半年裡，因為工作實在忙透了，故沒有跟他們作出較深入的交談。我心中一直有點不安，故希望嘗試在這個假期中聯絡他們。 這個小組共有三十三位義工，我希望能致電給每一位。
工作員：	人數也着實不少！怎麼樣才算是完成你的目標呢？你的目標是否只限於撥過三十三個電話號碼？還是，你希望在電話交談中得到什麼具體的成績？（*工作員嘗試協助組員把目標具體化*）
阿權：	我當然希望透過這次電話交談可更深入地瞭解組員對小組的看法及期望。同時，更希望組員可為小組

	的將來提出具體的建議。我希望藉着這個機會收集更多組員對這個小組的意見，作為日後參考之用。
工作員：	你是否一定要在兩星期內完成三十三個電話交談？倘若你與他們無法取得聯絡，那怎麼辦？因為他們可能不在香港，我只是害怕這個目標定得太高而無法完成。其他組員可否提出你們的意見呢？（*工作員希望組員了解自己的目標是否定得太高而將無法達到*）
阿康：	你可否邀請其他義工小組的組員為你分擔工作呢？這樣一來，你亦可與部份組員有更多溝通及合作的機會。
兆文：	倘若他們真的不在家中，你亦可考慮把訊息留給他們的家人，讓他們得知你曾致電他們。
工作員：	如果我沒有誤解你們剛才的建議，你們認為把訊息留給其家人亦應算是完成目標？（*工作員嘗試協助組員更具體地訂下行為完成指標*）
阿權：	作為一個主席，我希望利用這個機會讓組員明白我是關心他們的。因此，我可以接受把訊息留給其家人便算是完成目標。
工作員：	那麼，你會怎樣獎賞自己呢？（*工作員協助組員訂下獎賞的方法*）
阿權：	我沒有仔細的想過這一點。但我每個星期來這裡參與活動時，總是沒時間吃點東西，如果我可以完成這個目標，我會在下次開會前在途中買一些小吃，那算是給自己一點獎賞吧！

> 活動 6.3 補充資料

自我讚賞的重要性

認知學派認為經驗（experience）是學習的主要媒介之一。因此，在學習新的行為、思維方法及情緒反應時，最有效的學習方法還是讓我們親身體驗成功的例子（Beck, 1995; Meichenbaum, 1993）。同時，我們亦必須在過程中體會到這些成功的經驗是全仗自己的努力而達成的。故此，一個人愈是得到更多成功的經驗，新的行為、思維方法及情緒反應便會愈加鞏固。

但怎樣才可以讓我們在生活中得到更多的成功經驗呢？在回答這個問題前，我們必須先了解有哪些因素會影響一個人得到成功經驗。筆者認為最少有以下幾方面的因素，它們包括「自我貶低的思維方式」、「過高的目標」、「不清晰的成功指標」和「文化因素」等。

自我貶低的思維方式
認知行為學派認為有些人在日常生活中會不自覺地採納了「自我貶低的思維方式」（minimization）來面對壓力及問題。他們會把成功的經驗視為理所當然的，又或是任何人都可以做得到的，因此，他們未能從成功的經驗中建立一個正面的自我觀。反之，他們的自我形象一般都頗低，同時，這些人不會讚賞自己的能力及成就。在面對別人的讚許時，他們往往會不自覺地否定自己的能力及成就，並把成功的關鍵歸因於「外在因素」中。

過高的目標
對於一些完美主義者來說，他們的日常生活往往是充滿失望及焦慮的，無論怎樣努力地嘗試把工作做好，他們總是認為自己還是有所欠缺的。問題的所在是因為他們把目標定得太高、太完美，因此，無論把事情做得多好，他們總認為仍有瑕疵。由於這些人擁有完美主義的思維及行徑，所以他們在日常生活中難以體驗成功的經驗，

相反,他們往往會認為自己力有不逮,因而影響了個人的自我形象。

不清晰的成功指標

認知學派的理論認為人的認知、行為及情緒改變是需要透過具體的成功經驗而得以鞏固的。因此,在日常生活中,人們是必須為自己定下清晰的成功指標,好讓自己清楚認識到自己已成功地完成某項工作。例如,某人希望能成功地與同儕建立良好的工作關係。他必須先清楚訂出自己是希望與所有同儕抑或是某一兩位同儕建立良好的工作關係?同時,他亦必須界定什麼是「良好的工作關係」?倘若他能清楚地回答上述的問題,他便可以具體地定出成功指標。簡而言之,訂立成功指標必須具體而清晰,要不然成功完成的機會將大打折扣。

　　另一個推動我們建立清晰的成功指標的原因是,某些目標可能不是一下子便可以達成。在過程中,我們可能要先訂立一些「次目標」(subgoals),按部就班的逐一完成後,才能成功地完成最終目標。例如,文輝希望與一個異性朋友發展親密關係,他便必須要(1) 找機會認識這個朋友, (2) 有更多單獨接觸及相處的機會,(3)向對方表達自己的愛意。從這個簡單的例子中,我們明白到要完成最終目標,我們必先按序完成上述的 (1) , (2) , (3) 三個「次目標」。其實,「次目標」本身亦可以是成功的指標,因為「次目標」是達成最終目標的階梯,是完成最終目標的必要條件。

文化因素

從一些文獻中,我們知道中國人的文化特質是傾向把成功的原因外在化和把失敗的原因內在化 (externalize success and internalize failure)。這個歸因方法使人們把自己的成就歸功於「運氣」、「別人的幫助」和「天意」等等,導致他們無法建立成功的生活體驗。另外,當他們面對失敗的經驗時,他們會很快地把失敗的原因歸咎於自己,並且埋怨自己為何事先沒有想到,又或是理怨自己為何當時不採取其他方法,致使情況如此惡劣 (Leung, 1996)。倘若一個

人深深受着上述文化因素影響，他便很難得到成功的生活體驗，並會很容易建立一個負面的自我形象。

怎樣才可以讓自己在生活中得到更多成功經驗呢？

1. 要認識自己的「自貶思維方式」
   以下的幾個方法可讓我們認識自己的「自貶思維方式」：
   - 當面對一些負面的生活經驗時，我們可叫自己靜下來，並問問自己是否陷入自貶思維的困籠裏。除此之外，我們亦可在適當的時候把這些經驗記錄下來並作為參考，瞭解自己是否受着自貶思維方式的影響。
   - 我們的朋友及家人可能是最了解自己的人，倘若他們都不謀而合地説你擁有自貶的思維方式，你便該好好的反思一下，看自己是否真的擁有這樣的思維方式。
   - 我們亦應該嘗試探討一下，我們的自貶思維方式是否受着中國文化的影響。如果這是事實，我們必須經常提醒自己不要受這文化傾向影響而使我們對自己的成就作出錯誤判斷。

2. 調低自己的目標
   我們有些時候會不自覺地為自己訂下不切實際或過高的目標，倘若我們不去重新訂定這些目標，便會為自己加添更多失敗的經驗，這對於完美主義者來説是最值得關注的。什麼是不切實際或過高的目標？難以一概而論，但如果我們經常為了要完成所訂定的目標而感到焦慮、煩躁及身心疲累時，我們或許該想一想自己是否把目標定得太高了。另外，當你身邊的朋友及家人都不斷向你提出這方面的忠告時，你亦應該考慮自我檢討一下了。

3. 把目標具體化及建立次目標
   為了讓我們清楚明白自己是否已完成既定的目標，我們必須為目標定下明確的成功指標。目標定得越清晰，我們便越容易判斷自己是否已完成所訂定的目標。當目標不能一下子完

成時，我們可能需先訂立「次目標」，好讓自己按部就班地完成，然後循序漸進的達致最終目標。從心理學的角度看，這樣亦可為我們減少因感到難於達成最終目標所帶來的不安及焦慮情緒。

4. 爭取多些機會學習怎樣讚賞自己的成就

    如果自己是那種不擅於覺察及讚賞自己成就的人，我們必須要爭取多一點的機會去留意及讚賞自己努力的成果。無論所完成的事情是重要的或是平凡的，我們都應該給予自己一些讚賞。在開始的時候，我們可以把自己所做過的事情記錄在記事簿中，當我們翻看記錄簿時，便可了解那些已完成的事情是值得給予讚賞的。經過重複的練習後，我們便懂得在什麼時候和在怎樣的情況下可讚賞自己的成就了。

「我都做得到！」

活動 6.4 家課紙

自我讚賞計劃表

事件	身體受壓時的警告訊號	處理方法	成效指標	獎賞自己的方法
• 記下在未來一周可能導致你情緒低落或感到壓力的事件	• 記下你受壓時或情緒低落時身體獨有的警告訊號（例如：手震、出汗、心跳急速）	• 記下你遇到該等事件時將運用何種方法去處理（例如：深呼吸、自我爭辯、思想停頓等） • 記下該等方法對你面對壓力時可能達致的成效？(0–100%)	• 記下你預期能達致的成效（例如：手震出現的時間由搭車延遲到抵達公司後才出現）	• 記下你運用方法後獲得預期成效時，你將如何獎賞自己 • 具體的方法、時間、地點
• 例：老闆約了我星期五洽談試用期的表現及薪金的調整	• 緊張時我說話會很急速和坐立不安，好像給人一種不耐煩的感覺似的	• 我會在入老闆辦公室前做三下深呼吸 (80%) • 思想停頓 (50%)	• 保持雙腳着地 • 注意說話的速度	• 約好朋友麗儀星期六晚去看電影

小組活動 第 7 節
「生活的再思！」

目標
- 讓組員認識均衡生活的意義，重新計劃自己的生活
- 與組員商談告別分享活動的細則

■ 工作員角色

在小組後期，組員間的關係已頗融洽，同時，各人對其他組員的認知、情緒及行為表現均有相當的認識。因此，工作員不需要主動帶領討論，反之，工作員可讓組員自行帶領及參與小組活動，只是在適當的時候才介入小組討論中。工作員的角色主要是「促進者」(facilitator) 及「支持者」(supporter)。在這個階段，工作員亦應該開始預備讓組員接受小組即將結束的事實，以減輕分離的情緒。一般而言，這一類結構性 (structured) 頗高及研習性 (educational) 頗強的小組，組員在面對分離時，其情感投入的程度不會像那些「情感或經驗分享小組」(sharing or experiential groups) 的組員那般濃烈。然而，工作員仍要留意個別組員對分離的不同反應，如果個

別組員有頗為負面的反應時,工作員可考慮在是節小組過程中或完結時與該組員詳談。另外,我們亦建議工作員在是節小組完結前,盡量撥出一些時間與組員商談及安排最後一節的告別活動。在我們的經驗中,小組組員及工作員都頗為接受及喜歡在最後一節中一邊吃小食,一邊進行告別分享。

■ 程序安排

活動	主題	時間
7.1	「情緒溫度計」測試	10 分鐘
7.2	回顧家課 ● 分享自我讚賞計劃表的成效 ● 小組討論	40 分鐘
7.3	均衡生活大拍賣 ● 遊戲 ● 小組分享	50 分鐘
7.4	總結 ● 商討下次告別活動的內容 ● 回顧是次小組內容	20 分鐘

■ 活動指引

活動 7.1 「情緒溫度計」測試(10 分鐘)

目的
- 透過組員分享在過往一星期的情緒狀況,讓他們瞭解到自己的情緒狀況是受着生活上的事件、個人的思維及行為所影響
- 讓組員學習互相勉勵及挑戰對方的思維及行為

內容
1. 邀請組員說出他們的情緒指數。情緒指數由 "0" 至 "10"，"0" 代表極不輕鬆，"10" 代表非常輕鬆。
2. 引導組員思考在過往一星期中他所遇上的生活事件、其個人的思維及行為反應如何影響他們的情緒。
3. 鼓勵組員互相勉勵及挑戰對方的思維及行為。

活動 7.2　回顧家課（40 分鐘）

目的
- 讓組員進一步掌握如何在日常生活中運用自我讚賞技巧
- 工作員繼續鼓勵組員互相挑戰對方不恰當的思想及行為模式

內容
1. 讓組員分享在過去一星期內，他們運用「自我讚賞計劃表」的成效。
2. 鼓勵組員互相提出問題或嘉許，並建議較佳的自我讚賞方法。
3. 如果組員能有效地運用自我讚賞技巧，工作員鼓勵全組給予認同。
4. 在討論過程中，有些組員可能會提出種種理由來証明自己為何無法完成所訂下的計劃，工作員和其他組員可鼓勵該組員探究背後可能出現的不恰當的思想及行為模式。
5. 透過討論，幫助組員進一步在日常生活中運用自我讚賞技巧。
6. 請組員再做另一次的「自我讚賞計劃表」。

所需物資
「自我讚賞計劃表」（活動 6.4 家課紙，頁 110）

活動 7.3　均衡生活大拍賣（50 分鐘）

目的
- 讓組員瞭解他們現時的生活模式及理想的生活模式是怎樣的
- 鼓勵組員思考可怎樣重新編排自己的生活，減少因過度偏重某些生活環節而為自己帶來壓力

內容
1. 工作員簡單說明這個遊戲的目的。
2. 工作員解釋「均衡生活大拍賣」的遊戲規則及方法：
    - 給予組員每人一張表格，表格上已詳列八個可以拍賣的項目
    - 組員每人擁有一百萬，他們可將這些錢自由分配在表格上所喜歡的項目中
    - 大拍賣以「價高者得」為標準
3. 組員在大拍賣時要留意以下事項：
    - 每次競投以一萬元作單位
    - 每個項目的拍賣最低價不能少於五萬
    - 沒有上限
4. 當大拍賣完成後，工作員邀請組員分享選取各個項目的原因，各組員彼此給予回饋。在過程中，工作員協助組員反思現時的生活狀況，了解自己是否過於偏重某一方面的生活環節，此外，又是否有一些生活環節極需要增強。之後，工作員鼓勵組員互相協助對方定出具體方案來改變自己的生活模式。從我們的經驗中，這個遊戲能

夠讓組員察覺到自己的生活過份偏重某些環節，因而出現種種的生活壓力和問題。因此，工作員最終會鼓勵組員彼此協助對方找尋方法，建立一個均衡的生活模式。

所需物資
1. 「均衡生活大拍賣」（活動 7.3 工作紙，頁 118）
2. 筆

活動 7.4　總結（20 分鐘）

目的
- 讓組員清楚而扼要地掌握此節內容
- 引導組員商討下星期的告別分享活動的內容細則

內容
1. 與組員重溫此節內容。
2. 提醒組員小組即將完結，並協助他們商討告別分享活動的內容細則。工作員邀請組員盡量出席下星期的聚會。如果工作員發覺某些組員對分離懷着離愁別緒，工作員必須運用適合的方法予以疏導。
3. 在商討告別分享活動的內容時，工作員協助組員定出最適合大家的告別活動。所謂適合的告別活動，是指該活動可給予組員一個小組圓滿結束的訊息或感覺。因此，只要符合這個準則，工作員應該對小組組員所提出的建議予以支持，如果有多個提案，工作員要協助組員達成共識。

■ 是節技巧的解說與例証

均衡生活大拍賣

這個活動的目的是讓組員能檢討自己的生活模式是否偏重於某些環節，因而引致種種的生活壓力及問題。同時，工作員會鼓勵組員互雙協助對方重新訂定一個均衡的生活模式。

例子1
組員（阿龍，阿傑，少芬）
工作員

工作員： 阿龍，你投資了三十萬在「與家人相處」上，投資金額是最高的。你可否分享其中的原因呢？

阿龍： 正如我在以往幾節的小組中提及，我每天要花上十多小時在工作上，身心感到非常疲累，在這個經濟環境下，我實在並沒有其他的選擇。幸而，在這個課程中，我明白到除了外在的環境外，我的思想及行為亦會為自己帶來不必要的壓力。

工作員： 你可否解釋一下你的想法？

阿龍： 其實，我花在工作上的時間何只十多小時，回到家裏，工作上的瑣事仍繫於心頭，有時候甚至使我無法好好地入睡。我越是不去想它，它卻越是不由自主地鑽進我的腦袋中，就好像是一個無法停下來的機器一樣。我很希望能學到不要把注意力過分集中在工作上，因此，我希望多花點時間與家人有更緊密的相處。

我一直覺得對太太及三歲的孩子有所虧欠，沒有花上足夠的時間陪伴他們。有些時候，我更因為情緒欠佳而向他們大發脾氣，我實在不希望過着這樣的生活。

阿傑： 我的情況跟阿龍差不多，我亦希望能多花一段時間陪伴太太。我在這個項目上，亦投資了二十萬元。我的身體近日出現了小毛病，叫我更清楚瞭解到人生苦短，要好好的珍惜身邊的一切。

工作員：很欣賞阿龍及阿傑真誠的分享。我現在希望集中討論阿龍的情況。或者，大家可給予阿龍一些建議，好讓他能貫徹自己的想法。

少芬： 我作為一位已婚的家庭主婦，不一定需要丈夫每天陪伴左右，更不用他買什麼名貴的東西給我，最重要還是丈夫在家中時能聽聽我傾訴心聲。我們每天都困在家裡，有些時候會感到寂寞及無聊。或許，你的太太也希望你能夠分享她的喜怒哀樂。

工作員：阿龍，你對少芬的建議有什麼回應呢？

阿龍： 我不知道該做些什麼呢？我跟太太並沒有互訴心聲的習慣，現在想起來也感到很不自然。我還是喜歡多跟她一起逛逛公司及去看電影。我想，倘若我們多了相聚的時間，或許，日子久了，我和太太便可以有更深入的溝通。

工作員：阿龍的意思似乎是說需要更多的時間培養及學習怎樣聆聽太太的說話及與她溝通。他希望透過一些活動，如逛公司及看電影來增進彼此的感情，這也不失為一個好的方法。但是，阿龍，你對自己的建議是否已作出了一些具體的安排？譬如，你希望每個月會進行多少次這樣的活動呢？

「生活的再思！」

> 活動 7.3 工作紙

均衡生活大拍賣

1.	工作	$
2.	與配偶或男女朋友相處	$
3.	與家人相處	$
4.	與朋友相處	$
5.	休息／娛樂	$
6.	發展自我興趣	$
7.	認識社會潮流或新事物	$
8.	無所事事	$

大拍賣須知

- 以一萬元作單位
- 每一項目的拍賣最低價不能少於五萬
- 沒有上限

活動 7.3 補充資料

什麼叫做平衡的生活?

現代人的生活非常緊張,每天都要面對種種的生活壓力,這些壓力可能來自家庭、工作、社會責任及朋友等。無論壓力的來源是什麼,我們必須花上時間和精力去面對。在不斷虛耗個人的精力時,現代人卻騰不出時間靜下來,讓身體得到充分的調適。一般而言,現代人的生活模式有以下的特點:
1. 每天在工作上花上頗長的時間;
2. 睡眠不足;
3. 缺乏運動;
4. 不大注重良好的飲食習慣;
5. 沒有定期的餘暇活動。

從壓力論的觀點來看,身體長期處於緊張狀態,會影響個人的情緒及身體。因此,我們必須學習建立一個平衡的生活方式,好讓我們的身體在日常生活中得到適當的調節。下列是一些平衡生活的方法,可供大家參考。

1. 定時運動

研究顯示,定時的運動有助改善身心健康,例如,活躍及體格健康的人,在遇到困難時,比不活躍的人較少感受壓力。另外,定時運動可減少壓力、焦慮及憂鬱的徵狀(Iso-Ahola, 1994)。一般而言,每星期運動三次,每次二十分鐘,便可令身體達到及格的健康水平。但在決定選擇哪一類運動時,我們必須先接受體格檢查,並與有關人士商討後才作出決定。而集體運動亦較個人運動更能令自己持續下去,因為集體運動本身是一個社交活動,而社交活動中的同輩壓力更能激發我們的運動動機。

2. **充足睡眠**

   壓力、憂鬱和焦慮都會影響睡眠，而睡眠不足則會加深個人的焦慮及憂鬱的情緒，形成惡性循環，因此，我們必須保持充足的睡眠。最常出現的睡眠問題有以下兩種：（1）難以入睡及（2）經常在睡夢中醒來之後，無法再次入睡。以下是怎樣改變睡眠問題的方法：（1）定下固定的睡眠及起床時間，（2）製造一個適合睡眠的環境，（3）避免在日間小睡，（4）在入睡時使用深呼吸或注意力分散的方法。最後的那個建議最適合那些在睡眠時經常出現不自主思想的人使用。

3. **發掘自己的生活興趣**

   這是現代人的另一個問題。不少人終日為工作而埋頭苦幹，整個人生和所有時間都像要奉獻給工作似的，一切個人興趣和娛樂都給拋諸腦後。但這樣一來，人的生活便會變得枯燥乏味，同時，把精力過份專注在某一項事情上亦是不智的，一旦該項事情沒法給予個人滿足感，或是在該項事情上遇到挫折時，人們便找不到另一途徑來紓緩或平衡上述情況帶來的的負面情緒。因此，我們應該在工作之餘，發掘及發展自己的個人興趣，一方面可為生活帶來更多情趣，另一方面可以把過份專注於某些事情上（例如工作或照顧小孩）的精力予以平衡。

4. **建立良好的社交生活圈子**

   人類與生俱來便擁有群體性的本能，它不但可以保護個體的人身安全，免受動物或敵人的侵襲，同時，它亦可滿足個人的心理及社交需要。只可惜現代人的生活模式變得越來越個人化，人與人之間的關係因此變得疏離。個人一旦要面對一些難於解決的生活壓力及問題時，我們便無法從狹窄的社交網絡中找到協助。當然，我們不能抹殺社交網絡中的關係也可成為壓力的來源，但網絡越大，我們便會有愈多的機會得到正面的支持。從另一個角度看，我們不難發現一些長期受到情緒困擾的人士，他們的人際網絡往往是較為狹窄的，因此，我們必須檢視及思索如何擴闊自己的社交圈子。

小組活動 第 8 節
「聚散有時」

目標
- 鼓勵組員分享在小組內所學習到的技巧及體會
- 邀請組員互相給予建設性的回饋
- 檢討小組內容及成效

■ 工作員角色

這是小組的最後一節。雖然，我們並不認為小組組員會出現強烈的離愁別緒，工作員還是要小心照顧和處理各人可能因面對分離而產生的複雜情緒反應。在這節，工作員主要的角色是「支持者」(supporter)，盡量鼓勵組員坦白地表達對小組過程的看法和感受，並為將要分離作出具體回應。另外，工作員亦要協助組員檢討小組的內容及成效。在過程中，工作員對組員所提出的意見必須保持一個開放及接受的態度。工作員的角色是個「促進者」(facilitator)，領導組員檢討小組內容是否適合自己、有哪些內容可作進一步的修改、所採用的活動手法是否有效地帶出活動的內容及其他一般的小組運作事宜等等。還有，工作員需鼓勵組員具體地思考可怎樣

把新學到的概念和技巧繼續在現實生活中運用。最後，工作員鼓勵組員互相表達對對方的一些看法，並給予建設性的回饋。在過程中，工作員不但是一位「支持者」，他亦是一位「調解者」，平衡組員間給予對方的建設性回饋。

■ 程序安排

活動	主題	時間
8.1	技巧學習回顧 • 重溫課程大綱 • 小組分享 • 討論	50 分鐘
8.2	意見交流室 • 組員彼此回饋	50 分鐘
8.3	小組評估 • 填寫小組評估表 • 小組意見表達 • 分享 • 茶點	20 分鐘

■ 活動指引

活動 8.1 技巧學習回顧 （50 分鐘）

目的
- 讓組員更清晰地掌握自己在小組內所學到的技巧

內容
1. 工作員扼要地重述課程總綱。
2. 把組員分為二至三人一組。請他們分享以下兩方面的事項：
   - 列出三項組員自覺已有一定掌握的技巧，並加以解釋。
   - 列出三項組員認為仍需改善的技巧，並加以解釋。
3. 組員返回大組匯報小組的分享內容。從我們的經驗中，有些組員會表示自己似乎未能完全掌握怎樣運用某些技巧。工作員必須予以接納及理解，但同時亦要讓他們清楚明白到自己並非什麼也沒學到；工作員可透過自己或其他組員的觀察來加以引証該組員所曾用過或已學會的某些技巧。在這裏，工作員並非嘗試「安慰」這個組員，而是協助該組員整理在小組中得到的經驗，從而肯定自己所學到的某些技巧。因此，工作員或其他組員必須能舉出具體的例子來協助該組員去引証自己確實曾經用過或已學會的某些技巧。
4. 工作員鼓勵組員把學到的知識和技巧應用在日常生活中。首先，工作員會鼓勵小組組員回憶一件以往曾經經常影響他們情緒的事情，然後發問：「如果你們再次面對這事件，你們的想法和做法會跟從前的有什麼不同呢？」從組員的答案中，工作員便可了解到組員能否把學到的知識和技巧運用在實際生活上。

所需物資
1. 紙
2. 筆

| 活動 8.2 | 意見交流室（50 分鐘）

* （可考慮把茶點的開始時間放在這裏，讓組員一邊吃着茶點，一邊輕鬆地分享意見）

目的
- 透過組員彼此給予對方建設性的回饋，增進各組員對自己性格的了解

內容
1. 邀請組員在紙上寫下其他組員的三個性格上的優點。
2. 組員輪流把自己對某個組員的三個性格優點說出來。在這個活動開始前，工作員可定下以下的規則：
    - 在講述某位組員的優點時，其他組員必須盡量給予實例來支持自己的看法。
    - 當別人講述自己的優點時，當事人不能發問問題或反對對方的看法。工作員必須強調任何看法均沒有對或錯的，那純粹是個人的觀點。當事人大可不接受或不理會。
3. 在過程中，小組組員或會不自覺地對某個組員作出負面的批評。在這個情況下，工作員必須提醒組員，這個活動的目的是希望大家能對自己的優點有更多的認識，故不需要在這裡再次強調組員的缺點。
4. 在我們的經驗中，小組組員一般希望工作員一起參與分享對他們的感受。因此，工作員亦要準備說出組員的三個優點。其實，工作員參與時的表達方式亦可成為組員的模範，讓組員明白到怎樣有效地表達自己對別人的看法。

所需物資
1. 卡紙
2. 筆

活動 8.3 小組評估 （**20 分鐘**）

目的
- 與組員檢討小組成效
- 邀請組員分享對小組內容及推行手法的意見

內容
1. 讓組員再次填寫小組評估問卷。
2. 鼓勵各組員盡情表達對小組終結的感受。
3. 邀請組員對小組給予意見。為了讓小組組員有系統地表達對小組的看法，工作員可以把這分享分為幾個部分，其中包括：
   - 小組內容；
   - 小組活動的形式及編排；
   - 小組時間、地點及場內安排。
4. 茶點慶祝。

所需物資
1. 小組評估表
2. 筆
3. 茶點（鼓勵組員預先準備茶點）

小組研究分析及評估

■ 前言

在計劃開辦這認知治療小組時,筆者們已決定為小組作成效評估。這是基於以下兩個原因:其一,我們希望初步窺探這個小組的介入手法是否可以改善參加者的精神健康狀況。其二,我們希望藉着這個機會提倡實踐與研究並行的重要性。在資源匱乏的情況下,我們必須証明所籌辦的各項服務及活動可以為參加者帶來正面的影響。對筆者們而言,他們期望「助人專業的同業們」會認同及接受以這「實証為本」(evidence-based)來作為推行服務的工作態度及手法。在實証為本的理念下,筆者們從兩方面檢討小組成效。我們一方面透過問卷來測試組員在小組前後的思維、行為、情緒及精神狀況有否改變(見附件一)。另一方面,在完成小組後的第四個月,工作員邀請組員把他們對小組的感受及在小組中學會的東西扼要地填寫在另一份問卷中(見附件二)。

■ 小組前後測試結果*

參加者

小組透過單張、報紙廣告等宣傳，邀請各界人士申請。申請人需要填寫一份普通健康問卷12（General Health Questionnaire –12），問卷目的在甄別他們是否有產生精神健康問題的危機。問卷以六項症狀為分界線，在測試結果中有六項或以上症狀的申請人會被邀請參與甄選面試。獲甄選面試的有43人，其中8人於面試後不被接納。原因是：（1）申請人有嚴重抑鬱或焦慮，需要藥物治療而非小組輔導；（2）申請人於面試後覺得小組對自己沒有幫助。最後，有35人成為小組成員，但其中3人參加了數節後退出。

過程

負責帶領小組的四名組長皆為資深的社會工作者，具有豐富的精神健康工作經驗。他們都有社會工作學士資歷，並曾在研究院修讀精神健康課程。兩名組長在本地大學教授臨床科目，其餘兩人是本地一間精神健康機構的全職工作人員。自1998年7月至1999年8月期間，工作隊進行了四個小組。每個小組由其中一名臨床課程教師及一名精神健康工作人員帶領。小組有八節，每節兩小時。四個小組全部按照本文前部份所述的模式，以同一形式及內容進行。

測試量表簡介

普通健康問卷（General Health Questionnaire）的設計，是以社區人士為目標，測試調查對象的精神健康問題

---

* 這章節的部份內容曾以英文版刊登在 Wong et al. (2002), *Research on Social Work Practice* （見參考文獻）。

(Goldberg, 1972)。今次研究採用了12個項目的版本,量度組員的精神健康狀態。這量表主要是測試一個人的一般精神健康狀況,其中包括:憂慮症狀、睡眠障礙、抑鬱情緒等等。量表信度(reliability)曾經在本地的中國人群中得到論証(Boey, 1998)。研究沒有採用0-1-2-3的評分方法,而使用了0-0-1-1的評分法。因為後者能清楚分別「個案」及「非個案」,而0-1-2-3的評分方法卻沒有這種功能。用0-0-1-1評分法去評核,若果組員釐定某一項的精神狀態較四個星期以前差或差很多,他在這一項目中便得到1分。反之,如果組員釐定該項目的情況較四個星期以前是進步了或是沒有改變,他在該項目中便得到0分。倘若組員的得分在6分或以上,他的精神健康狀態便可視為不健康,有可能會進一步惡化下去(Shek, 1987)。在今次的研究,組員在小組完結之後,如果症狀的數量減少,就代表他們的精神健康有改善。量表得到高度的內部一致性(internal consistency),高氏α分數(Cronbach's alpha score)是0.818。

應付問題技巧量表(Coping Skills Scale)改編自Havlovic及Keenan(1995)的應付問題次量表(Coping Subscale),並由筆者們翻譯成中文。應付問題次量表可以量度組員在處理生活困境時的應付技巧,分為五個範疇:逃避／放棄、正面想法、直接行動、尋求幫助、喝酒。一項本地研究証明量表的信度良好(Wong, Leung & So, 2001)。今次研究只包括了上述的首四個範疇,並在每個範疇內只選取了在Wong, Leung及So(2001)研究調查中那些受訪者最常用的兩項技巧。另外,由於中國人罕有用喝酒作為應付生活困境的方法,所以亦沒有包括在今次研究之內(Wong, Leung & So, 2001)。研究使用的改編量表,內部一致性達到合理的水平,高氏α分數是0.7003。

正面及負面情緒清單（Positive and Negative Emotional Checklist）由筆者們改編自Cormier 及Hackney（1987）的情緒清單（Emotions Checklist）。研究人員指示組員盡量在情緒清單內找出與自己在該週內所經驗過的負面及正面情緒，然後加上「√」號。按組員的回應，研究人員選出了七項負面及三項正面的情緒作為清單內容。小組完結之後，負面及正面情緒改變的多寡，代表組員正面及負面情緒狀態是否有所改變。研究得出的高氏 α 分數是 0.4193。

非理性想法量表由理性行為清單改編而成（Rational Behavior Inventory）（Shorkey & Whiteman, 1977）。該清單原有37項非理性陳述，其中7項曾在本港另一項研究中採用（Lee, 1999），被認為是中國人最慣常表達的非理性或理性想法（Lee, 1999）。研究未有報導其信度。在小組完結時，組員要是改變了對這些陳述的贊成及反對程度，便代表他們在參與小組前後有了不同的理性及非理性想法。改編量表的高氏 α 分數是 0.4206，內部一致性相對較低。

問卷有兩條附加問題：(1)在過往一個星期，你感受到的壓力有多大？(2)你認為自己處理壓力的能力如何？組員要評估自己所受壓力的強度及處理壓力的能力。

結果

小組共進行了四個，有32名組員完成了前測驗及後測驗。當中 25 名為女性，7 名為男性。他們大部份為未婚（N=25，78.1%），其餘為已婚。47%（N=15）是文職，25%（N=8）是專業人士。參加者主要為青年及中年人，年齡由 23 至 47 歲。所有組員在預測中都有六項或以上的症狀，顯示他們有產生精神健康問題的危機。組員的平均出席率為 85%。

研究使用對偶樣本 t 檢驗（Paired sample t test）來審視組員在預測及後測驗之間，一般健康問卷12結果的改變。下列表一顯示組員的一般健康問卷12結果有顯着不同（$t = 6.5$, $p = 0.001$），証明他們的精神健康有明顯改善。進一步分析顯示一般健康問卷12的預測及後測驗方差（variance），有相當程度是由於小組治療帶來的改變。ω平方是0.40。再者，預測時，有87.5%組員屬精神健康欠佳；但在後測驗中，只有18.7%仍然出現精神健康問題，這可以進一步証明小組治療的果效。

表一：組員前後測驗得分比較

量表	前測驗		後測驗		t	p	ω^2
	M	SD	M	SD			
一般健康問卷12	2.43	0.49	1.72	0.45	6.50	0.001	0.40
應付技巧	3.12	0.39	3.20	0.55	−1.00	0.326	0.00
負面情緒	3.69	1.86	1.66	1.56	5.63	0.000	0.32
正面情緒	0.52	0.28	0.91	0.78	−4.71	0.000	0.25
非理性想法	3.05	0.57	2.57	0.42	4.31	0.000	0.22
整體壓力程度	3.69	0.82	3.25	0.92	2.08	0.046	0.05
應付壓力能力	2.50	0.88	3.19	0.86	−4.18	0.000	0.21

顯著水平為 $p < 0.007$

對偶樣本 t 檢驗顯示，組員自覺應付壓力的能力，在後測驗時有明顯的改變（$t = -4.18$, $p = 0.000$）。深入分析顯示，在處理壓力的能力方面，小組治療對組員在預測及後測驗之間的方差，有中度影響。ω平方是0.21。組員整體壓力程度平均數值的變更，雖然結果大致和預期一樣，但卻不甚顯著。種種表示組員在處理壓力方面的信心較前為高，壓力亦比以前低。

應付問題技巧、正面及負面情緒、非理性及理性想法的對偶樣本 t 檢驗值見表一。結果顯示調查對象的正面及負面情緒，有明顯改變(分別為 $t = -4.71, p = 0.000, t = 5.63, p = 0.000$)，非理性及理性想法也有顯着分別（$t = 4.31$，$p = 0.000$）。小組治療充份影響了組員在預測及後測驗之間的正面及負面情緒方差。ω 平方分別為 0.25 及 0.32。同時，理性及非理性想法的可解釋方差（explained variance）亦只有中等。ω 平方為 0.22。雖然適應技巧平均數值的改變如預期一樣，但不太顯著。整體來說，組員在小組完結之後的適應問題技巧較好、理性想法及正面情緒較多，負面情緒則較少。

■ 問卷的文字資料整合及分析

參加者

在小組完結後的第四個月，工作隊把一份問卷寄到小組組員的家中，請他們按着六個範圍把他們對小組的觀感寫下來。範圍包括（1）身體變化與情緒之間的關係、（2）思想與情緒間的關係、（3）情緒控制的能力與方法、（4）平衡生活的重要性、（5）自我讚賞及（6）對小組的整體印象及感受。最後，我們一共收回了 17 份問卷。

內容分析

1. 身體變化與情緒間的關係

   組員交回來的問卷內容顯示組員一般都能明白到身體變化與情緒變化有着密切的關係。他們都能具體地寫出當情緒出現變化時，身體亦會出現各種不同變化（見表二）。譬如，其中一名組員是這樣寫的：

> 「情緒可以引起身體的功能變化。負面情緒能引致心跳、氣促、流汗及肌肉拉緊和難以放鬆,當事人亦會較易感染其他疾病。反之,正面健康的情緒給人輕鬆自在的感覺,成功調適身體反應,確實帶有一點抗病的作用。」

這位組員所寫的內容可能跟他們曾參與小組第一節的聚會有關。在第一節中,組員學會了辨識自己在面對生活壓力時的慣常生理反應,以及生理變化與負面情緒的關係。唯一可惜的是,組員並沒有在回應中表示這些生理反應是重要的「警告訊號」,這些訊號是提醒他們若讓情況繼續下去,負面思想、行為及情緒便可能會出現。

2. 思想與情緒間的關係

從組員所填寫的回應中,我們可以看到組員似乎都明白到思想與情緒有着密切的關係。這是認知介入法的一個重要環節,目的是希望組員或案主能掌握及接受人的思想能直接影響一個人的情緒。

> 「我們的思想會影響自己的情緒。例如,當思想是負面時,我們便會出現負面的情緒。反之,當我們的思想是正面時,我們的情緒也就愉快得多了。」

從組員的文字回應中,我們也可以看到部分組員對自己的負面思想模式有了一定的理解。在小組的第二及第三節中,組員透過小組練習,似乎認識到自己的負面思想模式。

> 「很多時候自己都會妄下判斷,並且胡思亂想,因而會將一些事情往壞處想,令自己越來越不快樂。」

3. 情緒控制的能力與方法

從組員的文字回應中,我們可以看到組員們採用了不同的方法來處理及控制自己的情緒,這些方法都是他們從

小組中學回來的。其中包括：理性地去分析事物、暫停思想、深呼吸練習及自我爭辯等。以下節錄了他們的一些回應。

> 「暫停、深呼吸及聰明卡等步驟對我頗有效。」

> 「可以用轉移思想、自我讚賞及理性分析等方法來改變自己的負面思想。」

但從組員的回應中，我們亦可以看到部份組員似乎對運用這些技巧仍欠信心。他們認為自己需要更多的時間去練習才能純熟地運用這些技巧。

> 「個人對情緒控制的意識加強了，但控制能力仍有所不足，尤以憤怒感覺為主。」

> 「至於能力方面，我相信要十分熟習以上的方法才可控制自如，現在的我還未可以做得到。」

4. 平衡生活的重要性

從組員的文字回應中，我們可以了解到組員不但明白到平衡生活的重要性，而且亦能清楚指出平衡生活可有效地紓緩壓力及負面的情緒。

> 「平衡生活是很重要的，有助提升個人的生活質素，達到追求快樂的目標。成功者在精神上和體力上能更有條件地接受生命的挑戰。」

> 「我學懂了要逐漸脫離工作對我的控制，若能找出空間來娛樂自己，工作效果反而會更好。」

5. 讚賞自己

組員在回應中表示以往經常忽略在適當的時候給予自己合理的獎賞，但經過小組練習後，他們明白到「自我讚賞」可鼓勵自己更積極地完成既定的生活目標。另外，由於自己在生活上能夠訂定出具體及明確的目標，生活便變得更開心及愉快。

「讚賞自己不但是一種正面積極的自我鼓勵,更能讓我生活得更開心,為自己訂下明確的生活目標,幫助自己有個健康及愉快的人生。」

「以往我只顧別人的讚賞而忽略了自我讚賞這方面,沒想到自我讚賞可以產生積極的鼓舞作用,我日後會更慷慨地善待自己。」

6. 對小組的整體印象及感受

從回應中,我們可以看到組員均認為小組能給予他們自由抒發自己意見的機會。同時,組員間的分享亦可直接或間接地引發思考及增進他們對課題的認識,這一點是值得我們高興的。我們採納小組形式而不是個案手法的其中一個主要原因是:我們希望借助小組動力及組員間的分享,讓組員學習認知介入方法的知識和技巧。另一方面,一些組員似乎頗為欣賞及接受工作員在小組過程中的帶領及指導。

「組員們在小組中可以暢所欲言,我感到很可貴。他們的意見啟發了我的思維。導師們的引領和指點,其耐性、親切、體諒和智慧,亦叫我佩服和感謝他們。」

「各組員樂意分享,彼此都能反映問題並能支持對方,為此,我感到十分高興。」

除了感謝的話語外,有些組員亦提出了具建設性的建議。他們大多認為小組的次數太短,未能給予足夠時間以練習所學到的知識及技巧。這點是值得我們注意及改善的。

「我想八節的小組實在少了一點,因為並不是每個人都很快便可以接受小組的形式。我好像剛開始習慣了發表自己的意見,小組已經完結了。」

「我希望小組全期共有十至十二節,每節長達兩個半小時,這樣可讓各組員有足夠的時間熱身及分享感受。每節中間亦可考慮有小休時間。」

表二：組員在問卷內所表達的意見　（N =17）

項目	回應人數
1. 身體變化與情緒間的關係	
1.1 明白身體變化與情緒有着密切的關係	10
2. 思想與情緒間的關係	
2.1 明白思想與情緒有着密切的關係	10
2.2 非理性及負面不自主思想是可以改變的	6
3. 情緒控制的能力與方法	
3.1 理性地去分析事物	3
3.2 負面思想停頓法	3
3.3 深呼吸練習 + 提示卡	3
3.4 自我爭辯	2
3.5 接受自己、思想轉移、從不同的角度看事物	各 1
4. 平衡生活	
4.1 平衡生活對一個人是十分重要的	4
4.2 平衡生活可減少負面情緒的出現	4
5. 自我讚賞	
5.1 自我讚賞可起鼓勵自己的作用	6
5.2 可幫助自己訂下具體的生活目標	5
6. 對小組的整體印象及感受	
6.1 小組給予機會自由地抒發意見	5
6.2 組員間的分享可引發更多的思考及增進了我對課題的認識	2
6.3 工作員能協助我學習小組內的知識和技巧	3
6.4 節數可延至十二節，那麼，我們便有更多的時間練習所學到的技巧	4

■ 討論

在討論結果之前，我們必需指出研究的限制。今次研究基本上採用非隨機（non-randomized）的預測及後測驗設計，沒有包括對照組（control group）。雖然這一類的研究方式亦是常見的（e.g. Harrison, Boyle & Farley, 1999; Magen & Glajchen, 1999; Vera, 1993），但明顯地削弱了舉証小組果效的程度。但工作隊不採用對照組的主要原因是因為所有準組員的精神健康已達到危機水平（這是小組所釐定的入組資格），故不應為了研究而忽略他們該盡快接受小組治療的需要。這研究的另一個限制是，研究並沒有使用跟進評估（follow-up evaluation）來量度小組的較長遠果效。由於工作隊希望可以得到組員對小組的具體回應及感受，故我們決定讓組員填寫另一份問卷，而不是要組員再一次填寫前測和後測時用過的問卷。我們認為這樣可更深入了解組員對小組的評價。研究的另一個限制是：正面及負面情緒清單和非理性想法量表未曾在本地人群中正式進行有系統的效度測試（validity test），因此，將來的研究需要測試這些量度工具的效度。再者，這兩個量表的信度都相對較低，這可能與我們從量表中選出來的項目，未能一致地納入原先量表的構念（construct）的各個度向（dimensions）有關。最後，除了普通健康問卷12之外，今次研究的其餘三個量度工具，我們都只選取了部份項目；這是由於我們想避免給予組員一種印象，以為這小組只着重研究，而忽略了為他們提供服務。另外，如果我們把所有項目都放進問卷中，問卷便會顯得太長了。

研究目的是審視一個認知治療介入模式，並分析這個模式是否可以幫助組員減低壓力，改善他們的精神健康狀態。小組用普通健康問卷12來量度組員在小組前後的臨床精神健

康狀態。結果，約有70%原先屬於有危機的組員，在小組之後，其精神狀態已回復至健康水平，表示大部份組員都可在小組中獲益。這點與海外其他研究結果吻合（例如：Payne及 Blanchard，1995）。精神健康得到改善的原因可能有兩方面：第一，由於組員的理性及正面想法有顯着改善，他們能夠較為正面地評估自己及別人。組員能夠較為接納自己，而且改善與別人的關係，這都對他們的精神健康有利(Beck, 1995)。第二，組員能夠學習得到適應性的應付問題技巧。這不單只幫助他們成功地解決日常生活的問題，亦提升了他們的自我效用感（self-efficacy）。研究指出，自我效用感提升，有助增進精神健康（e.g. Kwok & Wong，2000；孫玉傑，2000）。

　　研究亦嘗試審視組員是否能夠在認知方面，達到顯著的臨床改變。結果顯示組員在小組之後，想法較為理性及正面，這種改變可能與小組內容的設計有關。小組有四節半用於幫助組員辨認及學習不同的認知及行為策略，令他們的想法較為正面及理性。這設計部份取決於我們的理念架構，部份源於我們帶領首個小組的經驗。我們發現，在第一個小組當中，組員在辨別繆誤的認知過程及非理性想法方面有困難。他們能夠識別得到具體的行為問題，但卻難以檢視其背後潛在的負面認知及情緒因素。在我們看來，組員其實不習慣「思考自己在想甚麼」，但認知行為模式卻要求一個人不斷去反省自己內心的想法和情緒，進行自我對辯。中國人文化傾向於將心理或精神健康問題軀體化（somatization）(Leung & Lee, 1996)，沒有反省自己心理狀態的習慣。這種文化現象對接受認知行為療法的中國人構成障礙，令他們在短時間內難以適應這種模式。工作隊最後決定增加幫助組員辨認及改變扭曲認知過程及非理性想法的節數。

在我們的小組理念架構中,「情緒」這概念被解釋為生理、思維及行為之間相互影響下的結果。因此,若果在情緒方面得到正面的臨床改變,就可以理解為組員在認知及應付問題技巧(即行為)方面得到改善。事實上,Bandura(1986)的交互決定論(reciprocal determinism),亦說明了情緒、認知或行為幾方面改變其一,就會帶來其他兩方面的改變。因此,當組員開始認識到自己的扭曲及非理性想法,然後作出改變,並有了適應性的應付問題技巧時,他們就能夠感受得到較多的正面情緒,而負面情緒亦會因而降低。

應付問題技巧方面的改變並不顯著,原因可能與中國人傾向將成就外在化及將失敗內在化有關(Leung, 1996),這文化現象在組員進行自我獎賞練習時就清楚顯露出來。在過程中,我們不難看到某些組員經常抹煞自己成功做過的事情,有些甚至說自己所做過的事情沒有值得欣賞的地方。這些組員大概如Beck(1979)所說的一樣,已經建立了一種經常自貶成就(minimization)的負面思維模式。工作員要在過程中不斷提醒組員,讓他們明白自己在應付生活問題上的努力有助他們成功地處理生活壓力,要令組員更加欣賞自己的能力,並抵消文化上貶低自己成就的傾向。時間和工作員的積極態度,是兩個主要元素。除了工作員的積極態度外,掌握技巧方面的確需要一段時間才可完成。是次小組只能用一節半的時間去進行技巧訓練,因此,組員認為自己的應付問題技巧沒有大改變,實在不足為奇。

■ 對社會工作實踐的意義

是次研究提出初步證據,証明認知治療小組模式,可幫助精神健康問題陷入危機的人,改變他們的認知、行為、生理及

情緒反應。近年來有潛伏精神健康問題的人士越來越多，因此，我們希望其他社會服務機構的精神健康工作者，可採用這個認知小組介入模式來幫助有需要人士。不過，在推行這樣的小組時，筆者們認為應嘗試包括對照組及跟進測驗，令研究設計更為完善，從而為認知小組介入模式提供更多有力證據。由於中國人有一種將心理問題軀體化的傾向，不習慣「思考自己在想甚麼」，因此，需要增加節數，幫助組員熟習認知行為架構。工作員亦需要多提供一些具體練習，例如「個案研究」、「不自主思想記錄表」和「家課習作」等，能幫助組員識別及建立認知步驟。再者，中國人亦傾向將成就外在化。今次小組設計沒有足夠時間讓組員練習適應性的應付問題技巧，我們建議在再次進行類似小組時，可將小組一分為二。一個以認知訓練為主，另一個則主力於應付問題技巧的訓練。工作員可鼓勵組員分別參加不同的小組，從而在學習正向想法及應付問題技巧兩方面，均可獲至最大裨益。

個案評估表　　　　　　　　　　附件一

I. 身體和精神健康狀況

同平時比較，請問你最近幾個星期是不是：

1.1 做事可以集中注意力？
- 1. □ 比平時好一些
- 2. □ 同平時一樣
- 3. □ 比平時多一些
- 4. □ 比平時差好多

1.2 為擔憂而失眠？
- 1. □ 一些都冇
- 2. □ 同平時差唔多
- 3. □ 比平時多一些
- 4. □ 比平時多好多

1.3 覺得自己在各方面擔當有用的角色？
- 1. □ 比平時多一些
- 2. □ 同平時差唔多
- 3. □ 比平時少一些
- 4. □ 比平時少好多

1.4 覺得處事可以拿定主意？
- 1. □ 比平時多一些
- 2. □ 同平時差唔多
- 3. □ 比平時少一些
- 4. □ 比平時少好多

1.5 覺得成日有精神壓力？
- 1. □ 一些都冇
- 2. □ 同平時差唔多
- 3. □ 比平時多一些
- 4. □ 比平時少好多

1.6 覺得無法克服自己的困難？
- 1. □ 一些都冇
- 2. □ 同平時差唔多
- 3. □ 比平時多一些
- 4. □ 比平時多好多

1.7 覺得日常生活有趣味？
- 1. □ 比平時多一些
- 2. □ 同平時差唔多
- 3. □ 比平時少一些
- 4. □ 比平時少好多

1.8 能夠勇敢面對問題？
- 1. □ 比平時多一些
- 2. □ 同平時差唔多
- 3. □ 比平時少一些
- 4. □ 比平時少好多

1.9　　覺得心情唔快樂同憂鬱？
　　　　1.　□　一些都冇　　　　2.　□　同平時差唔多
　　　　3.　□　比平時多一些　　4.　□　比平時多好多

1.10　對自己失了信心？
　　　　1.　□　一些都冇　　　　2.　□　同平時差唔多
　　　　3.　□　比平時多一些　　4.　□　比平時多好多

1.11　覺得自己係個好冇用的人？
　　　　1.　□　一些都冇　　　　2.　□　同平時差唔多
　　　　3.　□　比平時多一些　　4.　□　比平時多好多

1.12　大致上感到樣樣事都幾開心？
　　　　1.　□　比平時多一些　　2.　□　同平時差唔多
　　　　3.　□　比平時少一些　　4.　□　比平時少好多

II.　遇到壓力的處理

請先聯想一些近日使你感到壓力沉重的工作情況（簡稱情況）然後回答下列問題：

不曾用過（1）　　極少（2）　　　　　　間中（3）
經常（4）　　　　差唔多每次都用（5）　不適用（9）

2.1	在工作上遇到壓力時，會想着逃離這樣的情況	1 2 3 4 5 9
2.2	提醒自己別人也曾面對同樣情況，故自己亦能做得到	1 2 3 4 5 9
2.3	妥善安排工作，令情況能在自己掌握之中	1 2 3 4 5 9
2.4	告訴自己凡事都可轉危為機，並從中獲益	1 2 3 4 5 9
2.5	接受情況是無法改變的	1 2 3 4 5 9

2.6 嘗試更努力及有效率地工作　　1　2　3　4　5　9

2.7 向一些有權力改變情況的
　　人士尋求協助　　　　　　　1　2　3　4　5　9

2.8 向親屬／朋友尋求建議，
　　獲取解決問題之方法　　　　1　2　3　4　5　9

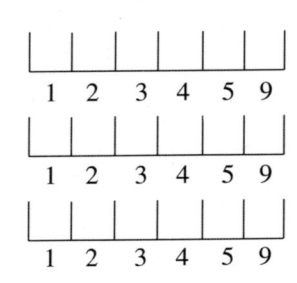

III. 思想信念

　　　　　　　　　　　　　非常不同意　　　非常同意

3.1 我不應該犯錯　　　　　　　1　2　3　4　5

3.2 我所做的每一件事不應該均是我的專長　1　2　3　4　5

3.3 我是環境下的犧牲者　　　　1　2　3　4　5

3.4 我的生命受外界力量所操控，
　　並非我能主宰　　　　　　　1　2　3　4　5

3.5 其他人都比我快樂　　　　　1　2　3　4　5

3.6 取悅他人是非常重要的　　　1　2　3　4　5

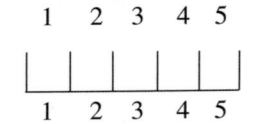

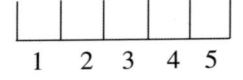

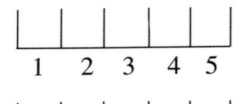

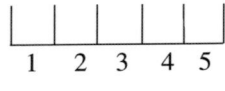

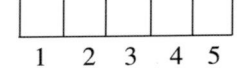

3.7 做事的方法基本上只有兩個：不是對，
　　便是錯　　　　　　　　　　1　2　3　4　5

IV. 情緒及壓力評估

4.1 在過去一星期,出現得比較多的情緒是: (可選多項)

   A 擔心 B 恐懼 C 不愉快 D 緊張 E 憂鬱

   F 冷漠 G 憤怒 H 歡欣   I 平靜 J 輕鬆

4.2 在過去一星期,你承受壓力的情況是 很小 1 2 3 4 5 很大

4.3 在過去一星期,壓力對你造成的負面影響程度是 1 2 3 4 5

4.4 你目前能夠應付壓力的程度是 1 2 3 4 5

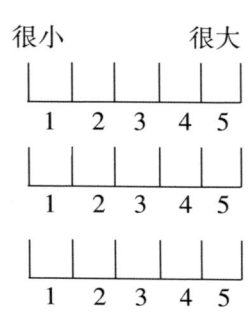

個案評估表　　　　　　　**附件二**

姓名：_____

日期：_____

經過八節的小組活動後，你對以下與自己有關的情況有什麼認識：

一. 身體變化與情緒之間的關係
_____
_____
_____

二. 思想與情緒之間的關係
_____
_____
_____

三. 情緒控制的能力與方法
_____
_____
_____

四. 平衡生活的重要性
_____
_____
_____

五. 讚賞自己
_____
_____
_____

六. 對小組的整體印象及感受
_____
_____
_____

參考文獻

Alder, B. (1999). *Motivation, emotion and stress*. Leicester: BPS Books.

Bandura, A. (1986). *Social foundations of thought and action: A social cognitive theory*. Englewood Cliffs, NJ: Prentice-Hall.

Beck, A.T. (1979). *Cognitive therapy and the emotional disorders*. Boston: Meridian.

Beck, A.T., & Emery, G. (1985). *Anxiety disorders and phobias: A cognitive perspective*. New York: Basic Books.

Beck, J.S. (1995). *Cognitive therapy: Basics and beyond*. New York: Guilford Press.

Boey, K.W. & Chiu, H.F.K. (1998). Assessing psychological well-being of the old-old: A comparative study of GDS-15 and GHQ-12. *Clinical Gerontologist, 19* (1), 65–74.

Bright, J.I., Neimeyer, R.A., & Baker, K.D. (1999). Professional and paraprofessional group treatments for depression: A comparison of cognitive behavioral and mutual support interventions. *Journal of Consulting and Clinical Psychology, 67*, 491–501.

Corey, M.S. & Corey, G. (1996). *Groups: Process and practice.* Singapore: International Thomson Publishing Asia.

Cormier, L.S. & Cormier, B. (1998). *Interviewing strategies for helpers: Fundamental skills and cognitive interventions.* Singapore: Brooks/Cole.

Cormier, L.S. & Hackney, H. (1987). *The professional counselor: A process guide to helping.* Englewood Cliffs, NJ: Prentice-Hall.

Ellis, A. (1993). Reflection on rational-emotive therapy. *Journal of consulting and clinical psychology, 61* (2), 199–202.

Ellsworth, P.C. (1991). Some implications of cognitive appraisal theories of emotions. In K.T. Strongman (ed.), *International Review of studies on emotion, Vol. 1* (pp.143–60). Chichester: Wiley.

Finch, A.E. & Lambert, M.J. (2000). Attacking anxiety: A naturalistic study of a multimedia self-help program. *Journal of Clinical Psychology, 56* (1), 11–21.

Free, M.L. (1999). *Cognitive therapy in groups: Guidelines and resources for practice.* Chichester: Wiley.

Furr, S.R. (2000). Structuring the group experience: A format for designing psychoeducational groups. *Journal for Specialists in Group Work, 25,* 29–49.

Goldberg, D.P. (1972). *The detection of psychiatric illness by questionnaire: A technique for the identification and assessment of non-psychotic psychiatric illness.* London: Oxford University Press.

Gross, R. (1996). *Psychology: The science and behaviour.* London: Hodder & Stoughton.

Harrison, R.S., Boyle, S.W. & Farley, O.W. (1999). Evaluating the outcomes of family-based intervention for troubled children: A pre-test-posttest design. *Research on Social Work Practice, 9* (6), 640–55.

Havlovic, S.J. & Keenan, J.P. (1995). Coping with work stress: The influence of individual differences. In R. Crandall, & P. L. Perrewe (eds.), *Occupational Stress: A Handbook* (pp 179-92). Washington: Taylor and Francis.

Hawton, K., Salkovskis, P.M., Kirk, J. & Clark, M. (1994). *Cognitive behaviour therapy for psychiatric problems: A practical guide.* Oxford: Oxford University Press.

Heimberg, R.G., et al. (1990). Cognitive behavioral group treatment for social phobia: Comparison with a credible placebo control. *Cognitive Therapy Research, 14,* 1-23.

Hong Kong Government (1999). *Hong Kong review of rehabilitation programme plan (1998/99–2002/03).* Hong Kong: Rehabilitation Division of the Health and Welfare Branch.

——. (2003) *Press release concerning unemployment situations in Hong Kong* (January). Hong Kong: HKSAR Government.

Hospital Authority (1999). *Press release concerning the utilization of psychiatric services in Hong Kong* (January). Hong Kong: Hospital Authority.

Iso-Ahola, S.E. (1994). Leisure lifestyle and health. In D. Compton & S.E. Iso-Ahola (eds.), *Leisure and mental health* (pp. 42-60), Park City, YT: Family Development Resources, Inc.

Kwok, S. & Wong, F.K.D. (2000). Mental health of parents with young children in Hong Kong: The roles of parenting stress and parenting self-efficacy. *Child and Family Social Work,* 5, 57–65.

Lazarus, R.S. (1982). Thoughts on relations between emotions and cognitions. *American Psychologist, 37,* 1019–24.

Lazarus, R.S. & Folkman, S. (1984). *Stress, appraisal, and coping.* New York: Springer.

Lee, H.L.J. (1999). *The use of a cognitive-behavioral group model for life style changes for patients with heart problems.* Manuscript, Hong Kong: Department of Social Work and Social Administration, University of Hong Kong.

Leung, K. (1996). The role of beliefs in Chinese culture. In M.H. Bond (ed.), *The Handbook of Chinese Psychology* (pp. 247–62). Hong Kong: Oxford University Press.

Leung, P.W.L. & Lee, P.W.H. (1996). Psychotherapy with the Chinese. In M.H. Bond (ed.), *The Handbook of Chinese Psychology* (pp. 441–56). Hong Kong: Oxford University Press.

Leventhal, H. & Patrick-Miller, L. (1993). Emotion and health. In M. Lewis & J.M. Haviland (eds.), *Handbook of emotions* (pp. 365–80). New York: The Guilford Press.

Magen, R.H. & Glajchen, M. (1999). Cancer support groups: Client outcome and context of group process. *Research on Social Work Practice, 9* (5), 541–54.

Mandler, G. (1982). Stress and thought processes. In L. Goldberger and S. Breznitz (eds.), *Handbook of Stress: Theoretical and Clinical Aspects* (pp. 88–104). New York: The Free Press.

Meichenbaum, D. (1993). Changing conceptions of cognitive behavior modification: Retrospect and prospect. *Journal of Consulting and Clinical Psychology, 61,* 202–5.

Michelson, L. & Ascher, L.M. (eds.) (1987). *Anxiety and stress disorders: Cognitive-behavioral assessment and treatment.* New York: Guilford Press.

Otto, M.W. (1999). Cognitive-behavioral therapy for social anxiety disorder: Models, methods, and outcome. *The Journal of Clinical Psychiatry, 14,* 14–21.

Payne, A., & Blanchard, E.B. (1995). A controlled comparison of cognitive therapy and self-help support groups in treatment of persons with irritable bowel syndrome. *Journal of Consulting and Clinical Psychology, 63* (5), 779–87.

Rice, P.L. (1999). *Stress and health* (3rd ed.). Boston: Brooks/Cole.

Robinson, R.J. & Pennebaker, J.W. (1991). Emotion and health: Towards an integrative approach. In K.T. Strongman (ed.), *International Review of Studies on Emotion, Vol. 1,* (pp. 249–94). Chichester: Wiley.

Salzman, D.G., et al. (1993). Cognitive-behavioral group treatment for social phobia: Effectiveness at five-year follow up. *Cognitive Therapy Research, 17,* 325–39.

Sarafino, E.P. (1998). *Health psychology: Biopsychosocial interaction* (3rd ed.). Chichester: Wiley.

Selye, H. (1976). *Stress in health and disease.* Woburn, MA: Butterworth.

Schafer, W. (1999). *Stress management for wellness* (4th ed.). Orlando, FL: Harcourt Brace.

Schachter, S. & Singer, J. (1962). Cognitive, social and physiological determinants of emotional state. *Psychological Review, 69,* 379–99.

Sharp, T.J. (1997). Cognitive-behavior therapy: Towards the new millennium. *Behavior Change, 14* (4), 187–91.

Shek, D. (1987). Reliability and factorial structure of the Chinese version of the General Health Questionnaire. *Journal of Clinical Psychology, 43*, 683–91.

Shorkey, C.T., & Whiteman, V.L. 1977). Development of the rational behavior inventory: Initial validity and reliability. *Educational and Psychological Measurement, 37*, 527–34.

South China Morning Post (2000). *Mental illness rising: Doctor.* Hong Kong: South China Morning Post, November 19, 2000, N2.

Vera, M.I. (1993). Group therapy with divorced persons: Empirically evaluating social work practices. *Research on Social Work Practice, 3*, 3–20.

Weiner, B. (1986). *An attributional theory of emotion and motivation.* New York: Springer-Verlag.

Wilson, P.H. (1989). Cognitive-behavior therapy. *Behavior Change, 6* (2), 85–95.

Wong, F.K.D. (2000). Socio-economic changes and mental health: Setting a new agenda for prevention strategies. *International Journal of Psychosocial Rehabilitation, 4* (5), 476–89.

Wong, D.F.K., Leung, S.K.S. & So, C.K.O. (2001). Differential impacts of coping strategies on the mental health of Chinese nurses in Hong Kong. *International Journal of Nursing Practices, 7,* 188–98.

Wong, D.F.K., Sun, S.Y.K., Tse, J. & Wong, F. (2002). Evaluating the outcomes of a Cognitive-Behavioral Group Intervention Model for persons at risk of developing mental health problems in Hong Kong: A pretest-posttest study. *Research on Social Work Practice, 12* (4), 534–45.

Yalom, I. (1995). *Inpatient group psychotherapy.* New York: Basic Books.

Zajonc, R.B. (1984). On the primacy of emotion. *American Psychologist, 39*, 117–23.

明報（2000a）。《失業》。香港：明報，2000年8月16日，A20。

——.（2000b）。《低收入失意多爭執》。香港：明報，2000年3月20日，A5。

——.（2001a）。《失業困擾陷抑鬱》。香港：明報，2001年1月30日，A6。

——.（2001b）。《出現情緒低落須及早輔導》。香港：明報，2001年4月6日，A4。

香港家庭福利會（1997）。《認知行為小組治療法》（第二版）。香港：香港家庭福利會。

孫玉傑（2002）。《老師精神健康之研究》。香港：仁愛堂。